自転車を趣味にする

楽しく走るロードバイク入門

ななな 著

マイナビ

はじめに

自転車は身近な乗り物ですが、少し形が変わるだけで、“速く、そして遠くへ”走れるようになります。街中で「あっ、速そうな自転車が走っている！」と思ったことはないですか？　それがロードバイクです。

運動嫌いな私が、ふとしたきっかけで始めたロードバイク。今まで出会ったことのない世界を見ることができ、今ではロードバイクに出会う前とまったく違う人生を送っています。最初は「50㎞くらい走れるようになるかな？」と思っていましたが、次第に100㎞を目指したくなり、お尻が痛くなりながらも達成。「自転車で100㎞走れるなんて！」とびっくりしました。ついには和歌山から千葉まで1,400㎞を走ってしまったのですから、驚きです。

ロードバイクに乗ると世界が変わります。自転車で長距離を走る。自転車で旅をする。自転車で自分の成長を実感する。こんなにも日々が充実するとは思ってもみなかったことです。

この本が、「ロードバイクに乗ってみたい！」と思っている人の一歩踏み出す（漕ぎ出す？）きっかけになればよいな、と思います。そして、ぜひ自転車に乗って「楽しい」を実感してほしいと願っています。

BMC
ASPITE PRO
HYPER

はじめまして！
“ななな”です♪
自転車大好き
関西人デス

魅力あふれるロードバイク そのひと漕ぎで新しい世界へ！

こんにちは。YouTube「なななチャンネル」で、体当たりソロライドの様子を配信している〝ななな〟です。自転車通勤をしていたときに自転車の盗難に遭い、この際、もっと速く走れる自転車に買い換えよう！と思ったのがロードバイクをはじめたきっかけでした。

子どもの頃は水泳やテニスの経験があったものの運動は嫌いで、高校生からは帰宅部。運動から遠のいていたわたしが、まさかみなさんに「ロングライド」の様子を披露するようになるなんて…。ロードバイクが、知り得なかった広い世界にわたしを連れ出してくれました。みなさんにも、意外と身近なロードバイクの世界を知ってもらえるとうれしいです♪

こんなコトやっています!

YouTube「なななチャンネル」を週2回更新。全国を旅するロング・ライドや激坂ヒルクライムに挑戦する姿、自転車にまつわるイベントや情報を、関西人のノリでお届けしています。

登録者数は6万人超え。ありがとうございます!

相棒はBMC

ロードバイク歴は約6年です。歴代BMCに乗り続けています。完成車(P39)をわたしの身長そのほか、身体のサイズに合わせて、カスタマイズしています。最初は、こんなに速く、長く走れるんだ!とビックリしました。

オフはめちゃユルく

最近はソロキャンプに興味アリ。YouTubeのサブチャンネル「なななおふ」では、マウンテンバイクのライド風景のほか、ドライブや買い物などの日常をアップ。ユルすぎて、素のわたしが出まくってしまっています(笑)。

両チャンネルにときどき登場するオカンにも注目! オカンは電動自転車に乗っています。激坂は、電動でもキツかった…。

日本をもっと知りたい!

自転車で全国各地を走るようになり、自転車に乗っていないと絶対に行かなかった場所や今まで知らなかった景色を知ることができ、より日本が好きになりました。まだ知らない日本を発見したい!

いつか四国一周1,000kmにトライしてみたい

CONTENTS

本書で紹介する自転車での旅先

chapter 1

さぁ、
自転車に乗ろう！

“ななな”の相棒を紹介します♪

わたしをどこまでも連れて行ってくれる旅の友。
ロングライド、荒れたオフロード、街なかのちょい乗り…
用途に合わせて乗りこなす“ななな”の愛車をご紹介。

“ななな” VOICE

最初に手に入れたロードバイク。赤いフレームと“Bmc”のロゴにひと目惚れ！ とても速そうな、カッコいい見た目にワクワクしました！ 素材は衝撃を吸収しやすいカーボンです

BMC Teammachine SLR03
“ななな”初号機

column スニーカーで気軽にお出かけ 街乗りはミニベロでユルく

FUJIのミニベロ「ヘリオンR」は、YouTubeを始めるきっかけになった1台。自転車の祭典「サイクルモード」イベント（P126）の抽選会で当選し、いただいたものです。主催者にお礼を伝えたく、乗っている動画を撮ってアップしたのがYouTubeをはじめるきっかけ。ヘリオンRはカスタム自由度が高いため、わたしもちょこっとセルフカスタムしています。見た目もおしゃれでかわいらしく、小回りの利くミニベロは、街乗りにもとっても便利です！

“ななな” VOICE

ロングライドの疲労を軽減し、快適に乗れるように設計されたフレームのエンデュランスモデルです。ロングライドが楽しくなる一台！

BMC Roadmachine SEVEN
“ななな”セブン号

“ななな” VOICE

荒れたオフロードを太いタイヤでガンガン走ることができるアルミ製マウンテンバイクです。俊敏性と加速に優れたモデルで山遊びも楽しい！ サスペンションはフロントのみのハードテイルです

BMC MTB Twostroke AL Two
“ななな”マウンテン号

ロードバイクってこんな乗り物♪

まずは完成車から自分に合った1台を見つけよう

ロードバイクは舗装路を高速で長く走ることに特化した本格的なスポーツバイク。フレームやハンドル、ホイールなどのパーツを1つひとつそろえ、自分だけ

ロードバイクの主なパーツ

※電動コンポーネント搭載ディスクブレーキモデル

❶ドロップハンドル
❷シフター
❸ブレーキレバー
❹ブレーキホース
❺ステム
❻フロントフォーク
❼ブレーキキャリパー
❽ブレーキローター
❾ハブ
❿フレーム
（⓫ヘッドチューブ　⓬トップチューブ
⓭シートチューブ　⓮ダウンチューブ
⓯シートステー　⓰チェーンステー）
⓱サドル
⓲ペダル
⓳クランクセット
⓴フロントディレイラー
㉑リアディレイラー
㉒プーリー
㉓スプロケット
㉔チェーン
㉕タイヤ
㉖リム
㉗スポーク

に合ったオリジナルの1台に組み上げる醍《だい》醐《ご》味《み》がありますが、初心者は、わたしがそうだったように、ペダル以外が組まれた「完成車」の購入をおすすめします。まずは体のサイズや姿勢に合ったサイズのフレームを選び、乗ることに慣れてきたらステムやサドルなど、各パーツの長さや角度を調整してフィッティング（P48）をしていきます。

　アクセサリーをプラスしたりもっと速く快適に走れるようにパーツを軽量化したり、コンポーネントをグレードアップしたりする人もいます。ショップで相談しながら、自分好みの、体にフィットしたバイクをつくり上げていくのは楽しいものです。

　次ページからは、わたしの愛車に近い、BMCの現行モデルを参考に、ロードバイクのパーツを説明していきます！

自転車パーツ

その1 フレーム

サイズや素材をよく見て吟味 最適なフレームで快適なライド

自転車の大きさを決めるフレームサイズは、シートチューブの長さで表記されています。ちなみにわたしは身長160cmで、フレームサイズは47センチ。フレームの形状は2種類あり、トップチューブが地面と水平な「ホリゾンタル」は、走行時の安定性が高く、衝撃を吸収しやすいといわれています。一方、トップチューブが傾斜になっている「スローピング」はコンパクトなフレームの形状になっているので小柄な人も乗りやすいメリットがあります。

素材もいくつか種類があって、わたしの愛車は、購入時にすすめられたフルカーボンです。カーボンは、レースバイクでも主流になっていて、超軽量ながら高剛性も備え、振動吸収性が高いのが特徴です。一方アルミは、転倒での衝撃でもヒビが入りにくく、比較的安価なのもグッド。コアファンに人気のクロモリ（クロームモリブデン鋼）は、重いのですがしなやかで強靭な素材。チタンは錆びにくく耐久性も優れていますが、お値段は少し、高めです。素材の特徴を把握することで、選びやすくなります。

世界のトッププロと同じモデルを自分の愛車に！

ロードバイクは、ツールドフランスという世界的にも有名な自転車レースでプロ選手が使用する一流の機材と同様のものを購入することができます。一般人がプロレーサーと同じものをもち、乗ることができるのはロードバイクを趣味にする楽しさのひとつでもあります。また、完成車ではなく「バラ完」といって、フレームから細かいパーツまで1つひとつ好みのものを選んで、理想の1台に自転車を組み上げることができるのもロードバイクの醍醐味です。

“ななな” VOICE

自転車の性能や印象を
左右するフレーム選びは慎重に。
わたしはショップスタッフに
すすめられた
カーボンにして大正解。
カラーも楽しみながら
選んでみて！

Teammachine SLR

上り坂も平地も速く走れるよう考えられたデザイン。カーボン素材で完成車重量でも8kg前後。競技選手ほど軽量にこだわりませんが、軽いと疲れにくく扱いやすい！
Teammachine SLR フレームセット ¥374,000（BMC）

BMC Roadmachine

“ななな” VOICE

ロングライドの疲労を軽減する
ジオメトリーになっている
エンデュランスモデル！
フレームによって乗り心地が
まるっきり、変わります。

どんな地形でもスムーズにバランスが取れる設計。フレームの特定の部分に荷重が加わったときに、計算されたパターンでしなるようにできています。フレームの性能もいろいろ。SLR共に、サイズ展開は47、51、54、56インチ。Roadmachine フレームセット¥374,000（BMC）

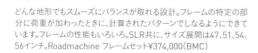

自転車パーツ その2 コンポーネント

電動コンポで瞬間変速「105Di2」で快適なサイクリング

自転車の駆動の要となるパーツ群の集合体を「コンポーネント」、通称コンポと呼びます。ディレイラー（変速機）やシフター、ブレーキなどから成る重要パーツです。自転車メーカー・シマノのコンポは、初心者向けのエントリーグレード「Claris《クラリス》」からトップグレードの「DURA-ACE《デュラエース》」までグレードが細かく分かれており、コスパと性能を兼ね備えた「105」は人気が高いコンポです。

Di2 とは…
DIGITAL INTEGRATED INTELLIGENCE

見た目も使い心地もシンプルながら、複雑な機能と最先端テクノロジーの集大成。Di2メカニカルユニットが各ディレイラーの動きを正確に制御してシフトチェンジをアシスト。正確なシフトアクションを実現します。

コンポーネント／ドライブトレイン

ギア比とは…

前後のギアにはギザギザした歯がついています。ギア比とはフロントギアとリアギアの歯の比率のこと。ギア比が大きいと重くなり、小さいと軽くなります。また、フロントギアは50-34Tなどと表しますが、これは外側の大きいギアの歯数が50で、内側の小さいギアの歯数が34ということ。リアが11-34Tだとすると、一番小さいトップギアが11、大きいローギアが34。リアギアは大きいほど軽く、小さいほど重くなります。

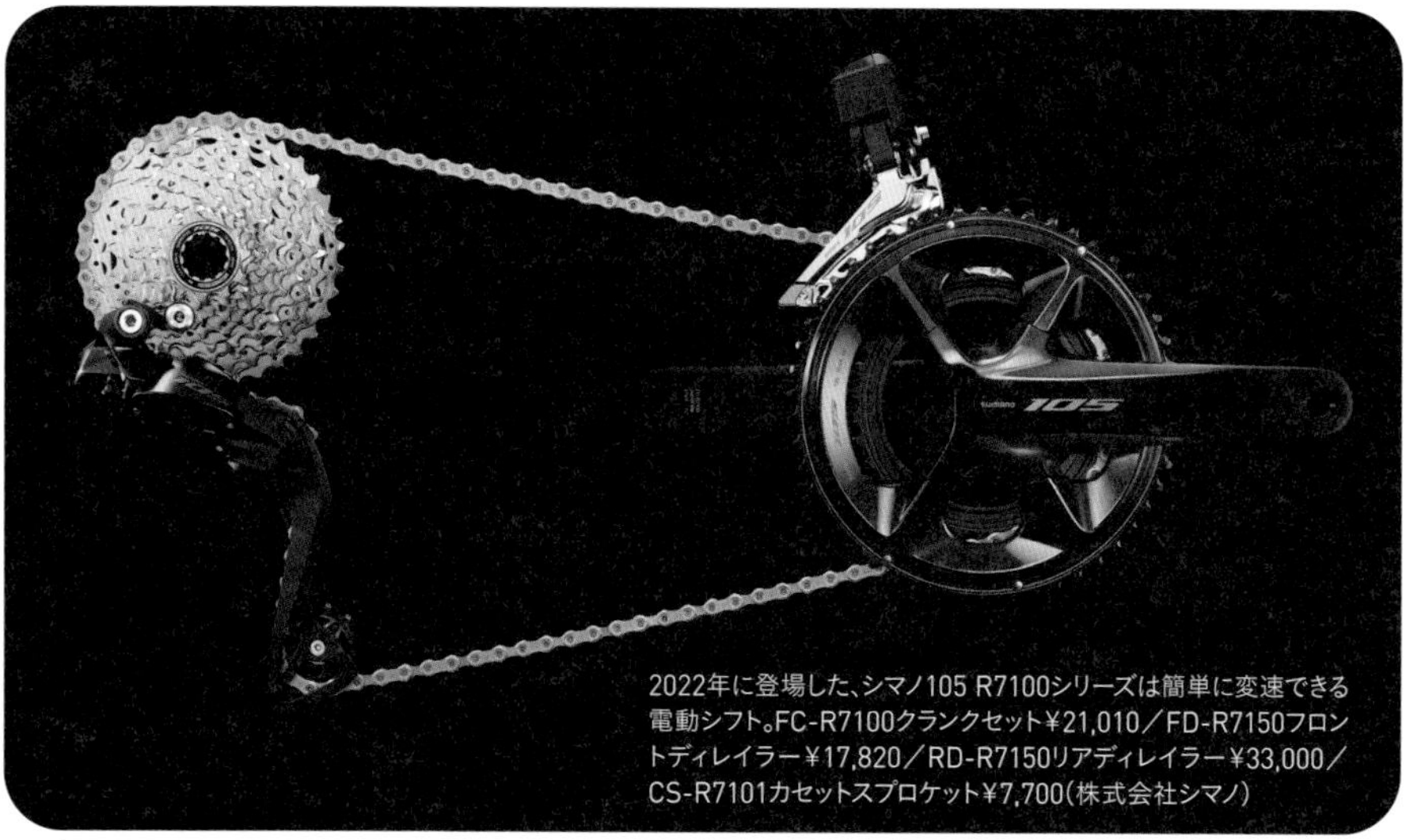

2022年に登場した、シマノ105 R7100シリーズは簡単に変速できる電動シフト。FC-R7100クランクセット¥21,010／FD-R7150フロントディレイラー¥17,820／RD-R7150リアディレイラー¥33,000／CS-R7101カセットスプロケット¥7,700（株式会社シマノ）

ギアの選択肢が増え激坂チャレンジも！

「105Di2」は12速のギア装備が可能で、リアのギアは11-36T（スプロケットの歯数）がラインアップ。上り坂が（比較的）ラクに上れます！

わたしは長らくリアは11-32Tを使っていましたが、11-34Tに変えたことでギアの選択肢が増え、坂道の上りやすさを実感しています。

“ななな”VOICE

Di2はギアチェンジの動作が一瞬で済むのがありがたい。スムーズな変速のおかげで、ロングライドの疲労軽減にもなっています

コンポーネント／ブレーキ

ディスクブレーキは制動力バツグン！ 手の小さい方でも軽く握り込むだけで、カツン！と止まれます。

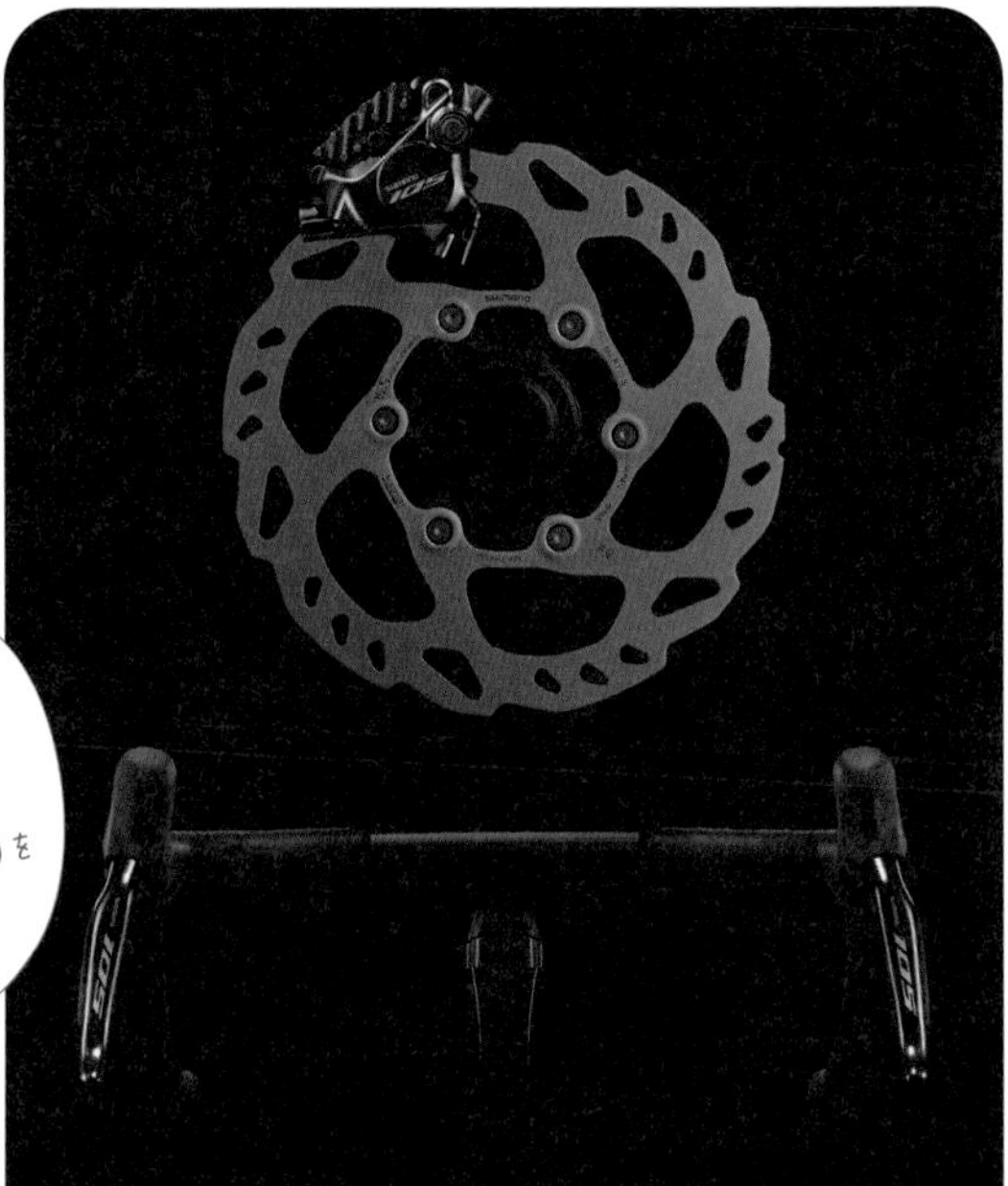

BR-R7170ディスクブレーキキャリパー フロント用¥8,690・リア用¥8,140／SM-RT70ディスクブレーキローター 140mm¥4,354／160mm¥3,816（株式会社シマノ）

“ななな”VOICE
扱いやすく制動力が
強いものを選びましょう。
輪行の際は、
パッドスペーサー（P62）を
忘れずに！

危険回避に重要なブレーキ 使いやすくしっかり利くものを

ブレーキは従来、ホイールのリムを挟んで動きを止めるリムブレーキが大多数でしたが、近年はハブに取りつけられたローターを挟んで制動するディスクブレーキが主流です。油圧式ディスクブレーキは反応がすばやく伝わり、制動力が強いといわれています。

105のブレーキキャリパーは剛性が高く、軽く引いても制動しやすいのが特徴。また、レバーのリーチ（ハンドルバーからレバーまでの距離）が短くなっており、外側にも張り出している構造なので、手の小さな方でもブレーキやシフト操作がしやすくて安心。エアバッグやシートベルトのない自転車にとって、ブレーキは危険回避の重要パーツです。

コンポーネント／シフター（インターフェイス）

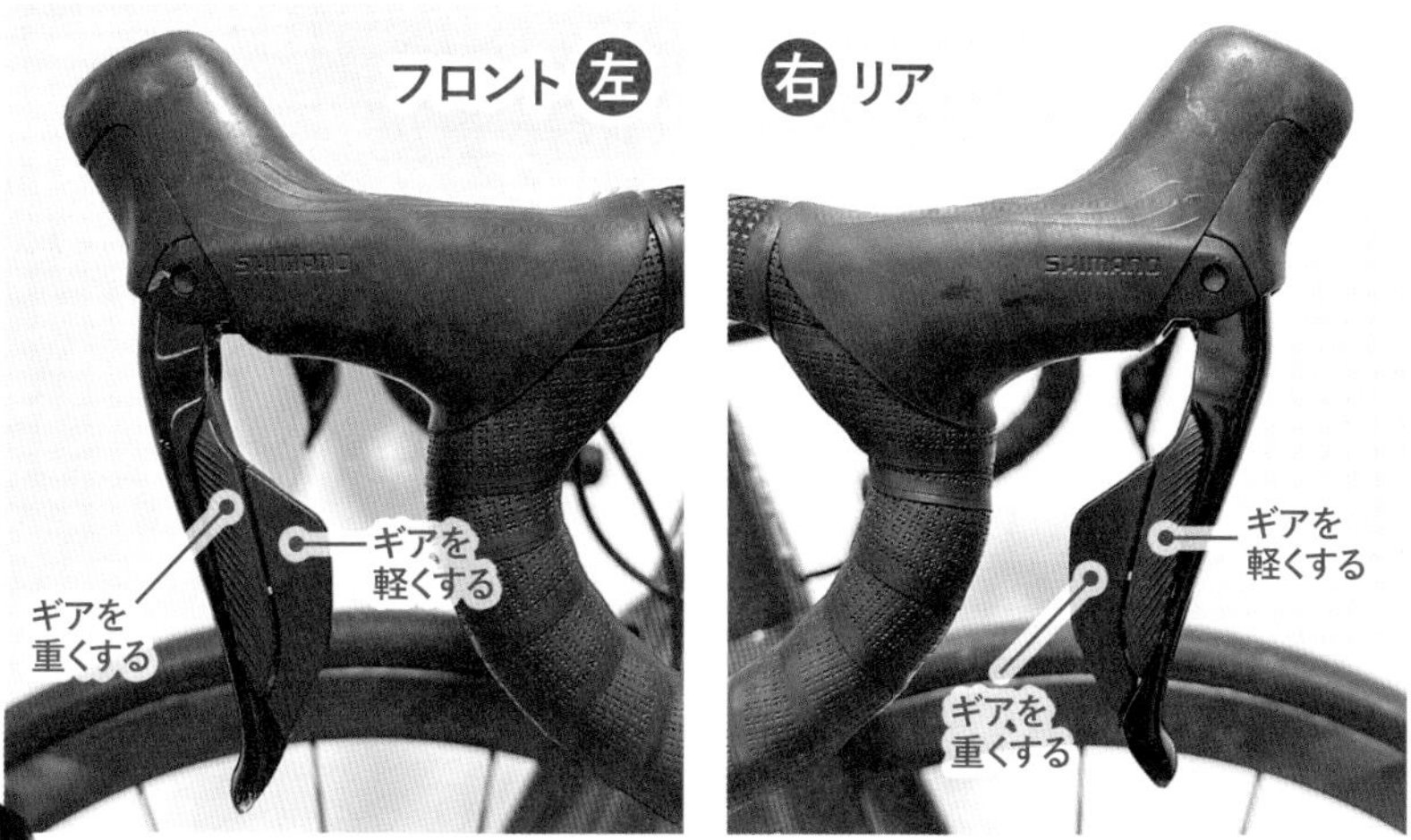
フロント 左
右 リア
ギアを重くする
ギアを軽くする
ギアを軽くする
ギアを重くする

ロードバイクのシフトは…

基本的に、フロントのギア操作を左側のレバーで、リアのギア操作を右側のレバーで行います。こちらは握りやすく、操作も簡単。

105 Di2 ST-R7170 油圧ブレーキ
STIレバー　左、右レバー
各¥30,250 株式会社シマノ

“ななな”VOICE

わたしが使っているシンクロナイズドシフトという機能は、リアの変速操作だけで自動でフロントギアも変速してくれます。フロントギアの操作が必要なくなるので、走りに集中することができます

変速で余分な体力は使わない状況に応じてシフトチェンジを！

アップダウンが激しい道や、ロングライド中などではシフトチェンジが走りを左右します！

走行中に選択するギアを間違ってしまうとムダな体力を使ってしまうことにもなります。重すぎず軽すぎず、自分が気持ちのいい負荷で漕ぎ続けることができる重さが、適正なギアです。わずかでも路面状況の変化があれば細かくギアチェンジをしましょう。

電動コンポーネントは軽くタッチするだけで瞬時に変速できるので、初心者の方にもおすすめです。一度電動を使ったらもう機械式には戻れません（笑）！コンポによっても特徴があるので比べてみてください。

自転車パーツ

その3

ホイール

タイヤとホイール選びが走りの感触を左右する

ホイールは、ハブ、スポーク、ニップルとタイヤを保持するリムで構成された車輪の部分を指します。カーボンやアルミなどの素材の違いや、それぞれのリムハイト（リム高さ）でも、さまざまな乗り心地になります。

もちろん、乗り心地はホイールだけではなく、タイヤの太さや種類によっても大きく変わります。タイヤは、リムとタイヤの間にチューブが入っている「クリンチャー」が一般的ですが、ほかに、タ

軽量化と剛性化を両立したカーボンホイール。見た目もキレイなバタフライエフェクトという技法で、カーボン繊維を巻いているので耐熱強度も冷却効果も高いのが特徴。Lún HYPER2023 D33 ¥242,000（WINSPACE JAPAN株式会社）

イヤとチューブが一体化された「チューブラー」、タイヤの内側にチューブが貼りついたような構造になっている「チューブレス」などもあります。さらには、タイヤの内側にパンク防止剤が塗布されている「チューブレスレディ」という種類もあります。

　わたしはクリンチャーとチューブレスレディを使っていましたが、パンクしたときにタイヤやチューブの一部の修理で済むクリンチャーが、やはり、よりメンテナンスしやすく感じました。チューブレスレディは軽量で乗り心地が良く、パンクリスクが低いのがメリットですが、稀《まれ》にパンクすることもなくはないので、そうするとタイヤごと交換になってしまいます。どのタイプもメリットデメリットがありますので、ホイールとの組み合わせも考えて選んでみてください。

column

超小型で持ち運びもラク 携帯用エアポンプは必需品

ななな絶賛、携帯用エアポンプ〜! 空気入れは、超小型の電動ポンプ、「サイクプラスキューブ」がおすすめ。20分でフル充電でき、タイヤ約2本分の空気入れが可能です。真夏の炎天下や真冬の寒いなかでのパンク修理でも、素早く空気を入れることができ、めちゃくちゃユースフルです。

重量はたったの97g。どこに行くにも軽々持ち運べてかさばらない。CYCPLUS CUBE ¥12,650(CYCPLUS／著者私物)

“ななな”オススメ
ウエア&アクセ

疲労軽減やUV対策もおまかせ トータルコーデで気分もアガる

屋外で長時間走るサイクリングでは、ウエアにより快適度が変わります。フィットしたデザインが多いのは、運転時の安全性と空気抵抗への配慮。前傾姿勢を保つので、伸縮性の高い素材で前が短め、後ろが長めに設計されているのが特徴です。パンツはお尻の衝撃を緩和するためパッドが取りつけられています。

わたしは着る楽しみも重視していて、ヘルメットからシューズまで色みを統一したり、最近流行りのアースカラーを取り入れたりしています。全身ハデハデなときもありますが、視認性を高めているんですよ（笑）。

走っていると冬場でも汗ばんでくるので、重ね着して、着脱で調整可能にしておくと便利。反対に、夏場は、極力涼しく走りたいのですが、疲労軽減のためにも日焼けはしたくないので、通気性と日焼け対策を優先しています。

快適に走るためには、発汗性や速乾性などの機能も大切ですが、自分好みのデザインやカラーで気持ちをアゲることもとっても大切！　お気に入りのブランドやウエアを見つけてみてくださいね。

column

ライド中のお手洗い休憩はホルターネックが超便利！

自転車用のビブパンツは肩紐がついているものが主流ですが、サンボルトのビブパンツやビブタイツは、画期的なホルターネックタイプで脱ぎ着がスムーズ！ 冬場はお手洗いに行く回数も増えますが、上着を脱がないで良いのがとってもラクです。

レディース ホルターネック サーモビブタイツ
¥19,800（サンボルト）

Spring & Summer

洗練されたカラーリング
フィット感も通気性もヨシ！

アジア人の骨格にベストフィット。バックルがマグネットになっていて装着しやすい！KPLUS NOVA¥29,700(KPLUS Helmet)

鼻パッドがなくて快適
視界良好のサングラス

鼻パッドがなく、こめかみあたりのサイドパッドでホールド。クリアな広々とした視界でストレスフリー。エアフライAF-302 C-4／BK 調光ゴールドレンズ組込版 ¥26,000(税別)(ジゴスペック)

メッシュで脇もサラッと
カラバリも豊富でウキウキ

カラーやデザインで選ぶことも多いジャージのなかでも、この1枚がお気に入り。脇がメッシュになっていて動きやすさ、通気性も良好。レディースプレミアム半袖ジャージ ¥7,900(サンボルト)

暑さ対策に特化した
ひんやりインナーで爽快

フリーズテックの加工生地は、汗などの水分や風に反応し生地温度が下がる冷感素材。夏でも風を感じて走るのが気持ちいい。FREEZE TECH ノースリーブレディースM ¥6,050(FREEZE TECH/フタバ別注)

夏場の日焼け対策は
薄手のロングパンツで！

サラッとした薄手の生地はUVカット素材で強い日差しから守ってくれる。レディースUVカットタイツプラチナパッド ¥12,650(リオンドカペルミュール)

暑さとUVを寄せつけない
ひんやり素材が◎

涼しく走りたいから長袖は考えちゃうけど、日焼けもしたくない。そんな要望に応えてくれるのが、汗と風に反応する冷感素材のアームカバー。FREEZE TECH 冷感アームカバー ¥3,080(FREEZE TECH)

夏のジャージは
デザイン性も機能性も
兼ね揃えたものが多く、
選ぶのが楽しい♪

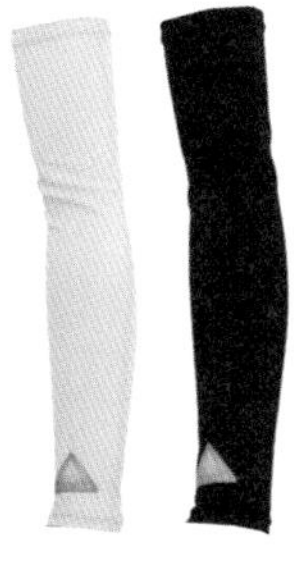

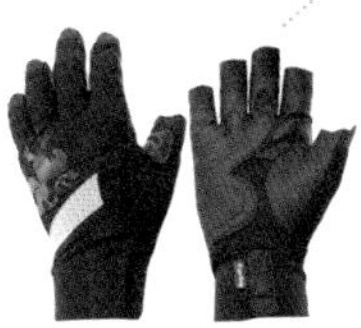

日焼け跡の心配ナシ
スマホも使えるグローブ

指先ギリギリでカットされているので日焼けしにくい。もちろんUVカット仕様。指先カットグローブ ¥5,280(カペルミュール)

Autumn & Winter

デザインも豊富で
自由自在に活用できる

吸汗速乾で、真冬のライドに欠かせない高機能ネックゲーター。カラーは16種類の豊富な展開で、ウェアとのコーディネートもしやすい。ネックゲイター ¥1,980（サンボルト）

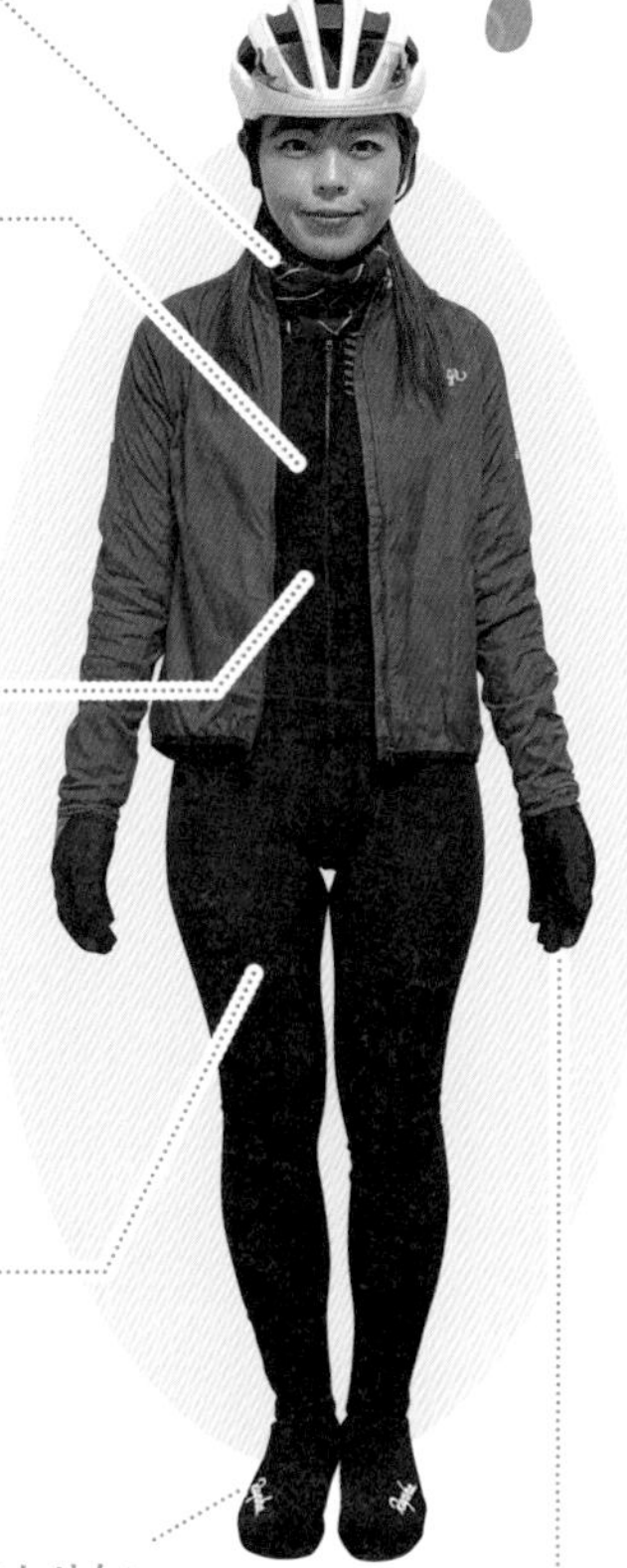

汗を気化させ速乾性も！
程よく暖かい快適インナー

薄手で冬でも機能的。ジオラインシリーズは汗を気化して汗冷えも防止。快適かつ暖かい1枚。ジオライン L.W.サイクルアンダーシャツ ¥3,850（モンベル）

厚すぎない裏起毛ジャージ
重ね着もすっきりキマる

冬は気温や風によって、ジャージをチョイス。お気に入りのレイヤードで温度調整を。レディースサーマル長袖ジャージ ¥17,500（サンボルト）

雨風に備えたタイツは
ストラップが取れて便利

前面は暴風や耐水の3層構造になっていて、背面は暖かみもありながら通気性のあるパネルが備えられている。ビブストラップの後ろ側が簡単に外れるのでお手洗いに便利！ ウィメンズプロチーム ウィンタータイツ ¥42,500(ラファ)

Rapha.

極寒ライドには欠かせない
オーバーシューズ

真冬は足先までかなり冷えるので、防風防水素材のシューズカバーを着用。裏地は起毛フリースなので足元もぬくぬく。ウィンターオーバーシューズ ¥11,000(ラファ)

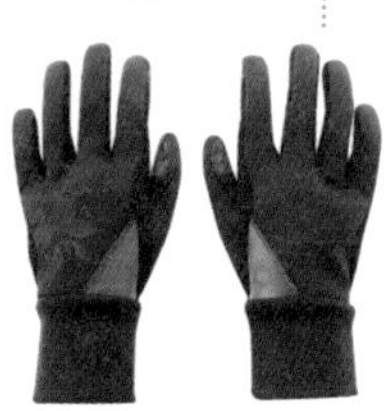

グリップ力を重視！
ゴツくても握りやすい

冬は体の末端が冷えやすいのでグローブもフルカバー。やや厚地ですが、握りやすくて操作性が高く、着脱しやすいのがおすすめ。kpg098 ¥7,590(カペルミュール)

真冬は防寒重視も
厚着になりすぎないように
注意。
温度調整しやすい
アイテムを！

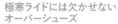

For bad weather

晴れの日ばかりじゃない…雨対策ウエアで安心ライド

雨が降るときは、なるべくロードバイクに乗らないようにしていますが、ロングライド中に突然のゲリラ豪雨に襲われることもあり、避けきれないことも少なくありません。安全性の心配だけでなく、とくに冬の雨は、体温や体力も奪われるのでウエアで体を守りましょう。

雨天時や風の強いときはレインウェアやウィンドブレーカーが必要です。小雨程度ならアウトドア用の雨具でもしのげますが、自転車用のウィンドブレーカーは、走行姿勢に合わせて立体縫製されていて、防水性に優れながらもムレにくいものがたくさんあります。インナーからアウターまで、防水性や速乾性の高い機能ウエアの準備もしておくと安心です。

軽くてかさばらない防風生地のジャケット

真冬は防風のジャージを着ているので、ウインドジャケットは温度調整目的。湿気を逃す生地で、休憩での汗冷え防止も。軽量で薄手なのでロングライドでの持ち運びも助かる！ TRERIKSROSET¥21,800（シーガー）

＼雨対策に!!／

裾がフィットしたパンツで上も下もしっかり雨除け

防水透湿性と撥水加工に徹底した自転車専用レインパンツ。裾が広がらないようフィットした裾フラップは漕いでいても気にならない。レインジャケットと合わせて完全防備。サイクルレインジャケット ¥25,300（上）¥12,650（下）（モンベル）

コンパクトに収まる
軽量ウエアが
多いので、
かばんに忍ばせて！
サクッと
着れちゃいますよ

“ななな”の実感 その1

自転車に乗っていてよかった！

毎日が充実する！達成感

楽しく、速く、遠くまで 自分の足で目的地に着く楽しみ

ふだんと違う景色に出会え、非日常を体感できるロードバイクの魅力は、何ものにも代えがたいと思います。家から一歩出れば、そこはもう旅先。自分の足で漕ぎ、スピードを感じて風を切る爽快感。ロードバイクに乗り始めたころは、こんなに速くラクにたくさん走れるんだ！とそれだけで感動したものですが、50㎞、100㎞……と長い距離を走れるようになった今は、次はどこに行こうかなと、毎日ワクワクしています。

とくにロングライドでゴールに辿り着いたときの達成感はハンパない！「自分の足でこんなところまで来たんやなぁ」と、涙しながらひとりで感動に浸るときもあります（笑）。急坂にボヤキながらなんとか頂上に到達したとき、ロングライドで県境をまたぐとき……達成感は、いたるところで味わえます。

旅の目的がおいしいごはんを味わうことや絶景を堪能することであっても、そこに行くまでの過程までもを楽しめるのがロードバイクの醍醐《だいご》味《み》。小さな達成感の積み重ねが、大きな自信につながっていく気がします。

自転車で行ける国内最高地点となる、乗鞍《のりくら》高原の標高2716m到達にチャレンジ。20㎞上りっぱなしの辛いヒルクライムでしたが、頂上では「あー、うれしいよぉ。上れたよぉ」と声を上げ大満足。絶景を眺めながらのダウンヒルも最高で、達成感でいっぱいでした

勾配25%の
交野山を激走中。
序盤から息切れし
「無理！」と
いいながらも
なんとかゴール

富山1日目

世界が認めた
絶景がこちら！
富山湾を一望できます。
実際に見た迫力、
お伝えできている
でしょうか？

交野山《こうのさん》

和歌山完結編

太平洋岸自転車道
1,400km
（和歌山県～千葉県）。
一度中断し、
再スタートで達成！

太平洋1400km終幕

ゲリラ豪雨に
見舞われ、
長い上り坂に
もがきながらも
160km完走した
和歌山縦断ライド

column

ボヤいても上り切る！ ヒルクライムがやみつきに

実は上り坂は大の苦手！ これまでに小豆島の寒霞渓《かんかけい》や関西の峠の聖地である十三峠、日本一の激坂・暗峠などのヒルクライムに挑んできましたが、「しんどい、足着きたい、もう嫌」とボヤキが止まりません。一生上らない！ とまで思った十三峠は1年後に再挑戦し、初めて足をつかずに上れたときは胸いっぱいでした。上り坂は「めちゃ嫌い」でしたが、今は「嫌いではない」です。気持ちが変わってきたのは、頂上に到達したときの達成感が大きいからだと思います。

十三峠
再び!!
自己ベストタイム更新なるか？！

40%!?
日本一の激坂

“ななな”の実感 その2

自転車に乗っていてよかった！ とにかくごはんがおいしい！

食いしん坊センサー感度良好！ 各地でおいしいごはんを発見

ロードバイクの旅先で、おいしいごはんに出会い、それを思い切り味わえる、至福のとき。食べたいもの、行きたいお店を目標に走ると、モチベーションが上がります。「空腹は最高のスパイス」といいますが、ロングライドしていると、胃袋無限か！　というくらい食べられるし、味も数段おいしく感じます。道の駅などでその土地にしか売ってないオヤツを補給食※にするなど、エネルギーチャージも楽しみな時間です。

海の幸や山の幸も、新鮮なものが味わえることも少なくありません。おいしいのはもちろん、知らなかった食文化に触れ、「こんな食べものがあったんや！」という新しい発見に心が躍ります。

どこでも気軽に立ち寄れるのも自転車の良いところ。沖縄でさとうきびを絞ったこともあります。ボトルに入れて100%ジュースにしたら、その甘さに驚きました！　初めてもずくの天ぷらを食べたのも沖縄、牛タンの厚みに感激した仙台……。ロードバイクに乗ってからは初めて体験することばかりで、いつも、満腹、満足！楽しみは尽きません。

沖縄の海中道路の先で「さとうきび(2本)ジュース500円」の看板を発見。機械でさとうきびを挟んでハンドルを回して絞り、新鮮なフレッシュジュースを堪能しました！おいしい！甘い！貴重な経験になりました。

※補給食　ロードバイクは消費カロリーがものすごく高い。3度の食事では追いつかず、ハンガーノック（糖分不足で体が動かなくなる）を起こすことも。それを補うのが補給食。

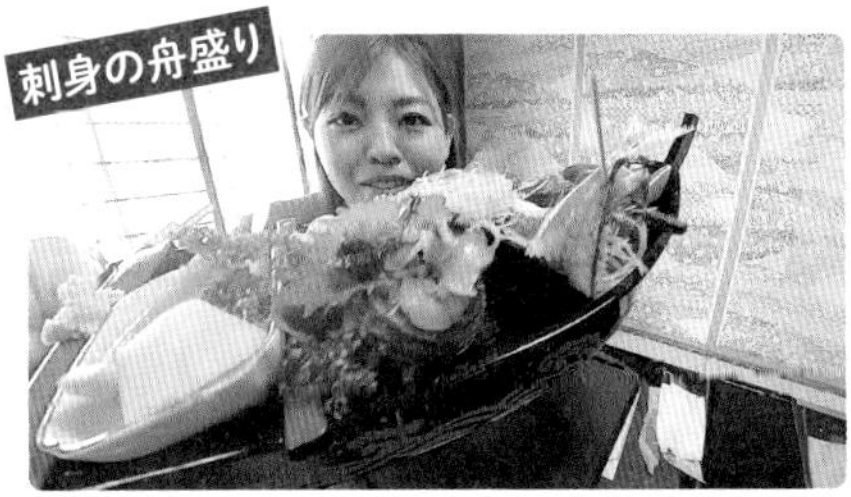

南房総で豪華な
お刺身の舟盛り
を平らげました。
海の近くだから
魚も貝も超新鮮。
なんと、これで
1人前！

ライド中
だけでなく、
宿泊先の食事を、
自分へのごほうびに
することも。
食事が豪華だと、
アガります！

日本一分厚い
カツサンドを
食べにいく
サイクリング。
分厚いうえに、
やわらかくて、
うま味がすごい！

宗谷岬で食べた
「生うに丼」は
うにもいくらも
どどーん！
と大きく、
疲れも吹き飛ぶ、
最幸の味でした

column

“おいしいもの”で心も満タン 金欠でもごはん優先！

なななチャンネルの視聴者さんからの提案で「5万円でどこまでいけるのか」に挑戦したときのこと。節約しなければいけないのに、楽しみのごはんはケチれず、仙台の牛タン専門店で、なんと5,000円も使ってしまいました……（笑）。初めて見た厚さとおいしさに感動！ 仙台最高！ と、思い出に残っています。おいしいものを食べたくて走り、またそのごほうびで走れる……。やっぱりグルメは欠かせません。みなさんもおいしいものを探す旅に出てみませんか？

“ななな”の実感 その3

自転車に乗っていてよかった！ 距離感がぶっ壊れる！

1日200kmの旅は最高の経験！ ロングライドは喜びもロング

ロードバイクに乗るようになってから、※シティサイクルでは成し得なかった距離を走れるようになりました。最初は往復80kmくらいで満足でしたが、2年目には淡路島1周（160km）を完走！ときには数県をまたいで旅することもあります。自転車に乗っていると「どこから来たの？」と話しかけられることも多く、「大阪」と答えるとものすごくビックリされます。相手の反応で、自分の距離感がぶっ壊れていることに気づきます（笑）。

これまで最も長い自転車旅は、和歌山県から千葉県までをつなぐ太平洋岸自転車道の1400km。プチハプニングや悪天候に見舞われつつも、10日間かけて完走しました。このサイクリングロードを知ったときは、「千葉から和歌山まで走れる人なんておらんやろ！」と思いましたが、いざ走り出すと絶対に完走したい！と気合が入りました。紆余曲折ありましたが、なんとか達成！壁は大きいほどやりがいがあると感じました。長い人生の中でも大きな経験の1つになるはず。自分の足だけで長い距離を走る夢を、自転車が叶えてくれました。

2日間で400kmを走破した、九州縦断旅。完走直後のほっとした顔。プレッシャーもありましたが、ゴールが近くなるにつれペースも徐々に上がりました。「楽しかった」と思えるのは、いつも完走してからです。

※**シティサイクル**　街乗り用の自転車。いわゆるママチャリや電動自転車などの実用車をまとめて指す

沖縄1周400kmの旅では、
キレイな海に癒され、
絶景が長旅の力になりました

沖縄1周

大阪から富士山を目指すものの、
2日目の朝「あと200kmも走る気しない」
とボヤキながら走行中……

大阪から富士山
正直、今日200km走れる気がしてないw

北海道300km
日本最北端の地
でもどうしてもこの写真撮りたくて無理矢理撮ったどー笑

最北端の地を目指した
北海道300kmライド。
最後はゲリラ豪雨の中、
なんとか記念撮影

九州縦断

九州縦断400kmの道中。
博多を過ぎ、スタートから80km地点付近。
まだまだ余裕の笑顔

column

視聴者さんの応援に感謝！後押しされて長く走れる

ロングライドは、果たして完走できるのかと、心細くなることもありますが、応援してくれる方の声が励みになり、責任感も芽生え、足が進みます。偶然、視聴者さんに会い、声を掛けてもらえることも。九州を縦断しているときはSNSでも声援をたくさんいただき、力になりました。太平洋岸自転車道1,400kmを完走した後は、ほっとして涙。「感動した」とのコメントをいただき、挑戦してよかったと改めて思っています。みなさんの声があるからこそ、長い距離を走れています！

“ななな”の実感 その4

自転車に乗っていてよかった！ 人に景色に、出会いに感動！

ロードバイクだからこそ！ 心あたたまる一期一会

ロングライド中、休憩していると、地元の方から話かけていただくことが、よくあります。「どこまで行くの？」と聞かれ、目的地を告げると「遠いよ！車で送ってあげようか」といってくださることも。自転車旅なのに（笑）と思いますが、そのやさしさにほっこりします。

旅の出会いのなかで、地元の新鮮な桃や柿をいただいたことも、パワーになりました。ロングライドならではの、人との出会いが思い出に刻まれていきます。

ロードバイクに乗ってから、初めて見た富士山、沖縄の海の驚くほどの青さ。自分の足を使って出会う新しい景色は特別です。ヒルクライムに挑戦しなければ、一生行かなかっただろう場所もたくさん。サイクリストさんとの出会いも多く、情報交換できるのも貴重です。地元サイクリストの人に出会い、「この先は工事中だから」と迂回ルートを案内してもらったこともありました。YouTubeでバイクも顔も出していますし、ハンドルに装着したカメラを見て「なななチャンネル」と確定されます（笑）。視聴者さんとの出会いも大きな励みです。

乗鞍のヒルクライムのときに、わたしのロードバイクを見かけ「まさかこんなところにいるとは」と視聴者さんが話しかけてくれました。なんとエコーラインとスカイラインを使って往復しているとのこと！サイクリストさんとの会話が弾みました。

宮崎県串間市の
石波海岸。
「日本の渚100選」に
選ばれた場所。
自転車旅は
絶景の宝庫

2020年元旦の
初日の出を拝みに。
その日にしか
出会えない景色を
日に焼きつけています

初日の出

2020年も良い年になりますように

宮崎県 石波海岸

高野山

参加者とじゃんけん

初めて会う
イベント参加者
同士でじゃんけん。
じゃんけんが
こんなに
楽しいなんて!

高野山の
ヒルクライムでは、
視聴者さんに会い、
目的地まで
案内して
もらいました

column 地元の方の差し入れに涙 新鮮な桃の忘れられない味

めっちゃ映える!

和歌山県のライドでは紀の川市桃山特産センターで桃を買って食べることを楽しみしていましたが、カゴ盛りでしか販売しておらず、バイクで運べないので断念。どうしても食べたくて、桃を味わえるカフェを教えてもらいましたがまさかの定休日。残念がっていると、特産センターのスタッフさんが個人的に買ったカゴ盛りの桃を1つくれました。そのやさしさに涙。許可を得て、その場でかぶりつくと、ジューシーな桃の汁がぶわっとはじけて感動！ 忘れられない味になりました。

“ななな”の実感 その5

自転車に乗っていてよかった！ 自転車で走る＝「旅」！

乗った瞬間から旅が始まる 非日常の旅気分にウキウキ

ロードバイクの魅力。それは、遠出ができて、おいしいごはんや絶景や人に出会えて、達成感が得られる……。全部を含め、これって旅行だなぁ、旅しているなぁ、という感覚が味わえること！　短い距離でも自転車で走り出すと、そこから自分だけの冒険が始まります。海沿いのサイクリングロードなどは自転車に乗らなければ行けなかった場所。潮風の心地よさや流れる風景は、自転車のスピード感でしか出会えない景色です。

徒歩だと行動範囲が駅やバス停の近くに限られてしまいますし、クルマだと入れない道があったり駐車できなかったりもしますが、小回りが利いて遠くまで行ける自転車なら、立ち寄れるところがたくさん。大きな公園のなかや裏道も自由自在です。大通りではない街の雰囲気はいつもと違った表情があります。そんな、ちょっとした気づきを楽しめるのも自転車ならでは。昔ながらの円柱型ポストやB級グルメ店、かわいいネコを見つければ、自転車を停めてちょっと休憩したくなります。ゆったりとした空気感を味わえるのも自転車旅の魅力です。

大阪から富士山を目指して400km走った長旅。クルマや公共機関で向かうと、目的地についてやっと旅という感じになりますが、自転車は自宅から出たらそこはすでに旅先。しかも400kmはさすがに過酷で、目的地に着く達成感はハンパではありません

ゆったり観光ライド
することも。
東大寺の近くで
鹿を尻目に、
みたらし団子をパクッ

鹿の前でみたらし団子

「5万円で
どこまでいけるのか」
企画もワクワク。
おいしいものを
求め激走中

山口県の海岸線

わんこそば

山口県長門〜萩の
途中、大通りを避け、
海沿いの道で
出会った風景。
自転車で走ると
特別な思い出に

ゆるポタ　たこ焼き

ゆる〜く走る
「ポタリング」中に、
尼崎で激安たこやき
を見つけ満足。
これも立派な旅

column

公共機関を使うのも近場を巡るのも自転車旅

わたしは1,200kmを10日かけて走りましたが、全部自転車で走る人のほうが少ないはずなので安心してください(笑)。自宅から目的地まで自転車だけで移動することが「自転車旅」ではありません。「輪行」(P62)という手段を使って、自転車を輪行袋に入れ、バスや電車、フェリー、飛行機に乗せて移動すれば、旅行エリアが広がり、離島も楽しめます。お散歩感覚で走る「ポタリング」でも新しい発見があれば旅気分が味わえます。それぞれの自転車旅を満喫してみて。

column

“なな”流 コースを決めるポイント

安全性と季節に配慮し、テーマを決めて走ってみよう！

ロードバイクを買って、楽しそうだから走りに行こう！ と、勢いだけで出かけてしまうとリスク大！ 遠くまで行ってしまい、帰る体力がないなどということも。わたしも何度も失敗したことがあります。目的地が近いと思ったら超激坂だったり、目的のお店が定休日だったり、フェリーが1週間の運休だったこともありました。ルートや目的地、営業時間などをしっかり把握しておくことが大切です。

地図アプリでルート検索するとクルマで使う道が案内されるので、自転車では走れない道がある場合もあります。その点、「自転車NAVITIME」のアプリは、自転車で確実に走れるルートが組め、安心です。

わたしはふだんから、テレビや雑誌、街なかで目にするものを情報収集して、行きたい場所やお店をメモしています。次はどこに行こうかと、いつもワクワク。毎回テーマを決めて走ると、より充実したライドになります。目的はごはん、絶景、しっかりとロングで走る、など、さまざま。夏に過酷なルートを組むと熱中症の危険があったり、冬は標高の高い場所は路面が凍結していたりするので要注意ですが、温泉、かき氷、桜や紅葉など、四季を意識してコースを組むと楽しい旅になると思います。

今すぐ出発したくなりませんか？　ただし、大通りは大型車も多く、路面が荒れていて危ない道もあります。最初はサイクリングロードを走ったり先輩サイクリストとツーリングしたりすることからはじめてみましょう！ きっと、新しい世界が開けるはず。

chapter 2
快適に走るために必要なコト

自分にぴったりの自転車を選ぶ

ロードバイクがほしい！と思ったら、
サイクルショップに足を運び、プロにいろいろと聞くのがおすすめ。
どんな乗り方がしたいか、どんな色が、どんなデザインが好みか……。
細かい知識はなくても大丈夫です。
不明点はどんどん質問してみましょう。

最初は完成車でOK！　慣れてきたら微調整を

ロードバイクにはパーツを選んで組み立てていくという楽しみがあります。ですが、最初はペダル以外が組み上げられた完成車を選びましょう。身長からフレームサイズを、股下でサドルの高さを決めます。最初はこれだけで十分ですが、ポジションやバランスが崩れると、首や肩、腰などに痛みが出ますし、ハンドルが遠いと小回りが利かないなど、さまざまな不具合も出ますので、慣れてきたところで微調整していきます（P48）。

身長と股下を目安としたサイズ展開は車種によって違いますし、欧米人の体型が基準になっていることもあります。そのため、当店では身長、股下サイズ、予算、乗る目的をお聞きしたうえで、前屈などで柔軟性を見ながら、サイズを合わせていきます。

車種やデザインイメージ、カラーなどは、単純に好みで良いと思います。「レースに出てみたい」「ロングライドをしてみたい」など、どんなふうに乗りたいかを明確にしていただけると、提案もしやすいので、どんなバイクライフを送りたいか、夢を膨らませてご来店ください。

お話をうかがったのは…

金森 孝憲 店長

バイクサイズやシューズのフィッティング等は、日本トップレベルのフィッティング実績がある、当店に是非お任せください。

サイズの合わせ方など
何でも気軽に聞いてくださいね！

スポーツサイクルショップ
ベックオン

〒541-0053
大阪市中央区本町4-4-24
電話番号 06-6120-3939
営業時間 午前11時～午後8時

column

マイバイクを手に入れた！ ほかに走るために必要なものは？

完成車を買ったら、まずはフラットペダルをつけましょう。慣れてきたらビンディング（P46）にして、走力アップ！　最初はクルマ通りの少ない河川敷や公園などで練習するといいと思います。サイクルコンピュータやパワーメーターがあると走りを可視化することができ、さらにライドを楽しむことができるでしょう。安全のために最低限必要なものは、次のページ（P40）で詳しく紹介します。

Q ライドで絶対に必要なものは？

まずは安全に
楽しむために必要な
モノをそろえよう！

旅のはじまりは準備から。
天気の変化や夜間走行、パンク
……なかなか予定通りにはいきません。
「絶対に必要なモノ」と
「あると便利なモノ」を紹介します。

絶対に必要なモノ

ヘルメット

自分の身を守るために
絶対に必要。
現在、着用が努力義務化に。

出先でのトラブル時には
携帯工具があるだけで
回復できることも
あります。

携帯工具

携帯用空気入れ

パンク時に空気を入れます。
電動ポンプだと
早くて楽で便利です。

ベル

こちらも道路交通法で
装着が義務
づけられています。

タイヤレバー

パンク修理の際に
タイヤを外す工具。
力の弱い女性でも、
これがあればタイヤを
外すことができます。

ボトル＆ボトルケージ

走っていると喉が
渇いてくるので、
自転車に取りつけて
いつでも水分補給
できるように。

鍵

大切な愛車を守るために必要。
ちょっとした休憩でも、
あると安心。

前後ライト

暗くなったときには自分の視界や
車から認識してもらうために必要。
リアライトか反射板の装着は
道路交通法で義務づけられています。

予備チューブ

ロードバイクは、
パンクをしたときは
チューブごと
入れ替えることが
できます。

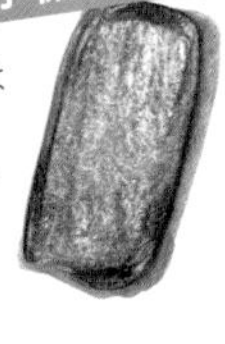

“ななな”VOICE

パンク修理キットをもっていても、ライド中にパンクして修理できなければ意味がありません。事前にパンク修理のやり方を覚えておくとソロライドでも安心！

※すべて著者私物

自分も相手からも見やすいライトを。便利グッズで負担を軽減！

　安全で快適な走行のためには、まずはライトから。リア（テール）ライトはもちろん、ヘルメットの後ろやサドルバッグ、フロントにも明るいライトをつけています。蛍光ベストを着用して反射板も使い、夜間やトンネル内でクルマに視認してもらえるように心掛けています。

　宿泊を伴う場合は、荷物が多くなるため、大型のサドルバッグやサコッシュを使っています。ヘルメットやシューズ、着替えその他も持ち運べるため、なくてはならないものです。

　ビンディングシューズでは歩きにくい場所も多いので、軽量なシューズをもっていると自転車旅には便利です。

ロングライドにあると便利なもの

蛍光ベスト

夜間や薄暗いところで活躍。視認性を高めるマストアイテム。

補給食

店がないエリアもあり、ミニサイズのようかんやおにぎりなどをを常備。

携帯用シューズ

ビンディングだと歩きにくいので軽量の携帯用シューズを持参。

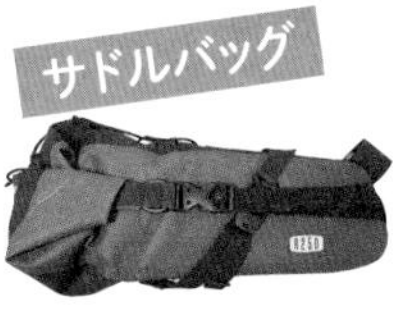

サドルバッグ

サドルの後ろに取りつける大型サドルバッグ。着替えや靴、宿泊セットなど入れます。

大型サコッシュ

ヘルメットやシューズも入る大容量なので、輪行時にも便利。

輪行袋

電車などで輪行するときはバイクを輪行袋に入れて移動。

“ななな”VOICE

どれも自分の身やバイクを守る必須アイテムです。万が一クルマと接触してしまったら痛手を負うのはわたし。安全にロングライドを楽しむためには、まずは完璧な準備から！

Q 走る前、自転車のどこをチェックする？

ロングライドに
かぎらず未然に
防げるものは防ぐ

自転車の不具合で思わぬ事故
を招いてしまうこともあるため、
自転車のセルフチェックは大切です。
ブレーキや変速機などに異変を感じたときは
自転車ショップでプロに見てもらうとより安心です。
乗る前に、自転車の状態を必ずチェックしましょう。

必ずチェックする　2大項目

1 空気圧

タイヤに亀裂などの異常がないか確認し、走る前には必ず空気を入れておきましょう。ちなみに、わたしのタイヤ空気圧の適正は4.6バールですが、適正値は人によってそれぞれ。自分に合った空気圧を見つけましょう！

2 充電

充電すべきものはすべてフル充電に。手動に切り替えられない電動コンポーネントを使っていると、充電が切れたらギアの変速ができなくなってしまいます。モバイルバッテリーやライトなどの充電も忘れずに。

ギアやネジもしっかり確認。ちょくちょく乗って自転車チェック

ロングライドにかぎらず、走行する前には自転車のチェックをしましょう。走り出してからブレーキなどの重要パーツの不具合に気づいてしまったら、できるだけ近くのショップを探して、その場で直らなければその日のライドは諦める判断も必要です。

空気が抜けていることがあるため、走る前には必ずタイヤの空気圧のチェックを。また、変速機も、問題なくスムーズに変速できるか、動作確認が必要です。ちょっとした確認がトラブル防止につながるので、走行前にセルフチェックをするクセをつけておきましょう。

そのほかに見落としがちなのがネジのゆるみです。ライトやサイコンを固定しているマウント、ボトルケージなど、ネジで取りつけているものは事前に確認しておくと安心です。

また、あらゆる機器の充電も大切です。ライトもＵＳＢ充電のものが増えていますし、充電が不十分だと点灯しないので、大変危険です。わたしの場合はカメラの充電も欠かせません。

わたしはこれまで自転車の大きな不具合に見舞われたことはありません。期間を空けずにしょっちゅう走っていると、ちょっとした違和感に気づきやすく、トラブルを未然に防げることもあります。

自分で判断や修理ができないときは、プロに見てもらうのがベスト！　ロングライドに出る前は自転車ショップや洗車専門店でチェックしてもらっています。

column ロングライドの前後はメンテのよきタイミング

事前のセルフチェックはもちろん重要ですが、変速機やブレーキ関連は自分で直しきれず事故を招きかねないので、おかしいかも……と思ったら、信頼できる自転車ショップで見てもらいます。プロのお墨つきをもらうと、安心してロングライドに出られます。ロングライドの後は、ウエスでフレームを水拭きしたり、チェーン洗浄をしたり。ときどき、洗車専門店「ラバッジョ」（詳しくはP53）に行くこともあります。共にがんばってくれる愛車のメンテも忘れずに、安全に楽しく走りたいですね。

Q 自転車に乗るためにトレーニングはしますか？

とくにしていません（笑）
トレーニングする
くらいなら乗っちゃう！！

自称「ゆるゆるな意識低い系サイクリスト」なので
特別なトレーニングはしていませんが、
週に2、3回は短い距離でも走るようにしています。
こまめに乗っていると自分自身も自転車も
コンディションを把握できますし、
日々のライドの積み重ねが
ロングライドの走力にもつながります。

乗る前のストレッチ

肩回り

距離が長くなると肩やふくらはぎに疲れがたまって痛みが出ることがあります。ロングライドの前はこのあたりを入念にストレッチ。

アキレス腱

ロングライドに出る前には疲れやすいところをストレッチします。脚だけでなく、肩まわりも負担がかかり疲れやすいので、しっかりストレッチ！

Q 次の日も乗るために疲れをとる方法は？

おすすめ
ケアグッズを
紹介します!!

いつもより長い距離を走ったり
ロングライドしたりした日は、
疲れが溜まりやすいもの。
そんな疲れを軽減させてくれるのは、
なんといっても穴あきテーピングシート「リカバリ」！
貼ったまま走れるのでおすすめです。
サプリも上手に取り入れ、明日も元気に走ります！

“ななな”おすすめ！ ケアグッズ

酸素運搬に着目したパプリカキサントフィル配合。自転車などの有酸素運動における持久力を高めたい方におすすめです。エキストラ オキシドライブ ¥3,348(江崎グリコ)

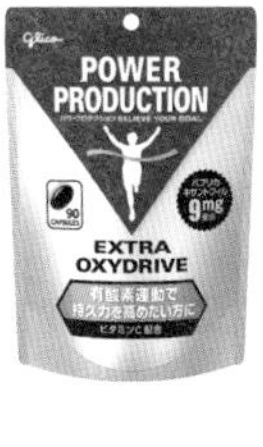

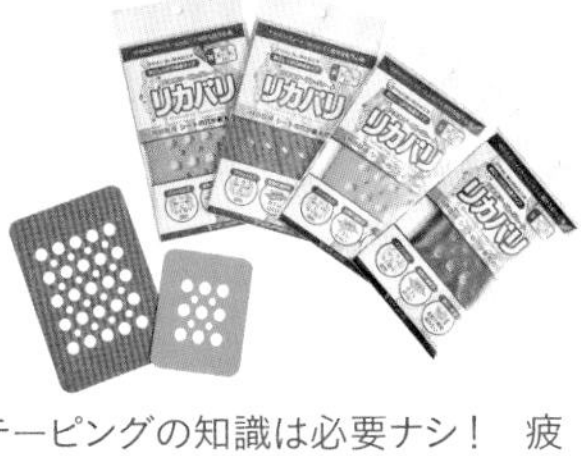

テーピングの知識は必要ナシ！ 疲れを感じたところにただ貼るだけで、マッサージのような心地よさが味わえます。穴あきテーピングシート【リカバリ】Sサイズ(10枚入り) ¥1,628(株式会社テープジャパン)

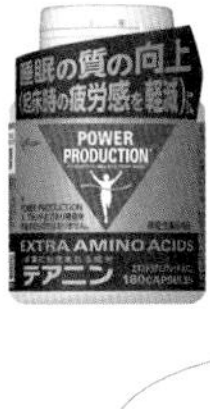

パフォーマンスを発揮するためには前日の睡眠が大切。ぜひ、寝る前におためしを。エキストラ アミノアシッド テアニン ¥5,724(江崎グリコ)

サプリは、ライド後の「疲れを癒す系」だけでなく、ライド前向けの「持久力アップ系」などもあるので、活用してみてください！

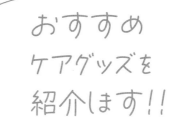

走りが変わる！
ビンディング

ビンディングがおすすめ！疲れも軽減、走力もUP

初心者はまず、フラットペダルで良いと思いますが、慣れてきたら、シューズとペダルをクリートで固定するビンディングが便利です。わたしも最初はスニーカーで走っていましたが、ショップでビンディングを教えてもらい、使ってみて、

柔軟なフィット感と抜群の通気性を誇る、最先端のフットウェア。超軽量カーボンソールで、ケイデンスパワーをダイレクトに伝達する。長時間履いても疲れしらずで、レースやトレーニングに最適。カラー展開は5色と豊富。プロチーム シューズ ¥49,000（ラファ）

SPEEDPLAYのほかのシリーズ同様、両面エントリーや低いスタックハイト、フレキシブルなフロートが特徴。特筆すべきは、パワーメーター。複数のクランクセット間で簡単に切り替えられ、バイクを選ばない。Wahoo SPEEDPLAY POWRLINK ZERO ¥96,800（Wahoo）

とにかく履いていて疲れない。ロングライドでもヒルクライムでも不快感がなく、いつまでもどこまでも走れる気分にさせてくれます。

感動！フラットペダルだと、足で押し込むようにして漕ぐことになりますが、ビンディングに慣れると「引き足」が使えるようになります。引き足とは、ビンディングならではの自転車の漕ぎ方で、踏み込むのではなく、足を引き上げることで、靴に固定されているペダルを回転させる動きのこと。ヒルクライムやロングライドでも疲れにくくなり、長く速く走れるようになりました！

初心者におすすめなのは、「スピードプレイ」のような両面タイプ。面の裏表がなく、どちら側でもはまるので、ペダルの面を気にしなくても、下を見ずに着けられるのが安心です。最初の頃は、ペダルが外れずバランスを崩して転ぶ、いわゆる「立ちゴケ」も経験しました……。スムーズに着脱できるまでは、安全な場所で練習したほうが良いですね。

ベックオン金森店長(P39)のシューズ選びのポイント

足のサイズ、横幅、つま先の形、甲の高さを見ながら選ぶこと。自転車シューズは指の長い欧米人に合わせたモデルが多く、幅広、甲高傾向の日本人に合うものは少ないのが実情です。実寸の0.5mm以内が理想、1cm以内が許容範囲です。何足も試すと感覚が鈍るので、リセットして翌日に履き直すことも検討してみてください。シーズンを通して同じ厚みの靴下にし、試し履きのときから合わせてみてください。

ロードバイクに少し慣れてきたら、
より自分の体や走り方に合うよう
自転車を細かく調整します。
これを“フィッティング”といいます。
速く走りたい、ラクに走りたい、
レースに出る、ロングライドを走るなど
目的によってポジション出しもかわってきます。
ベックオンの金森店長(P39)に
お話を伺いました。

走りが変わる!
フィッティング
プロおまかせ編

フィッティングの進め方

START

① 測定

初回購入時の身長、股下に加え、腕の長さ、肩幅、足のサイズを計測。さらに、脚の形の個性(X脚O脚など)や柔軟性も、前屈してもらい、確かめていきます。

② フィッティング台に照射

現在乗っている自転車の、サドル、BBハンドルの3点を照射して専用のフィッティング台にセットします。

③ データを数値化する

まずは現在のポジションで乗ってみて、ペダリングやフォームを確認。漕ぐときの力の掛かり方やパワーバランスをデータで数値化して、改善点を洗い出します。どの位置でどのようにどれくらい力が入っているかを見て、ムダのないペダリングができるように調整していきます。

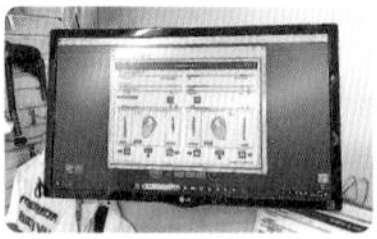

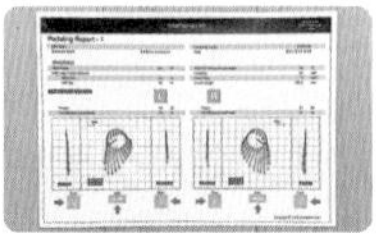

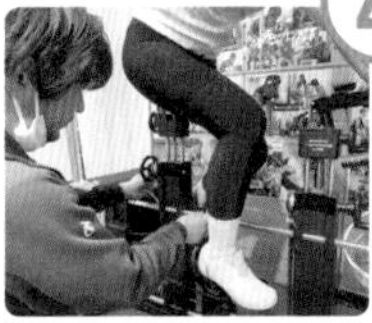

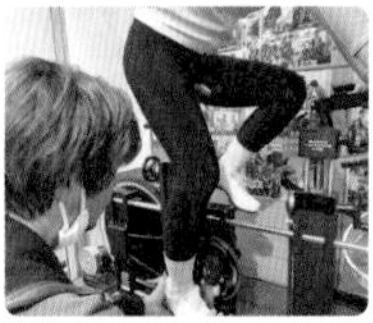

④ ポジション微調整

さらに、全体のバランスを見てヒアリングしながら微調整していきます。フィッティング台でのポジションが決まったら、そのポジションをロードバイクに照射して反映し、ポジション出し、完成!

お悩み別

走りが変わる!

フィッティング

「フィッティングを受けた後であっても、
何かあればすぐ相談してください」と金森店長。
フィッティング台と実走では負荷が違うため、
実際に走ってみるとまた違う痛みが
出る可能性もあります。
さらに細かく微調整しながら、乗る人に
本当に合ったポジションを出していきます。
「フィッティングする人の悩みや
目的に合わせて調整します。
疲れたり痛んだりする場所によって、
今までのポジションがどう違っていたか
わかるのです」(金森店長)。

各箇所の調整のポイント

ハンドルが遠いと首が上に向きやすく、
逆に近いとお尻が痛くなりやすく、
どちらにせよ痛む場合が少なくないそうです

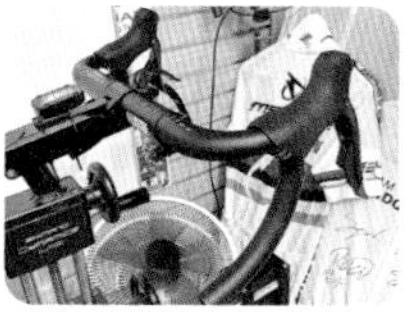
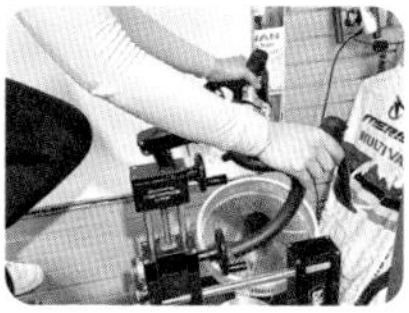

ハンドル

レースで走る人は、力が入りやすいよう肘を曲げてハンドルをつかむので、ハンドルの角度を水平にします。一方、ロングライドをする人は、角度を少し上げて、手首を自然に置いて楽に走れるポジションに。

クランク長

日本人は手足の長さに対してクランクが長すぎる場合が多い。短めの方が回しやすくなるのでオススメ!

サドル

サドルの位置が前すぎると前ももが疲れやすく、高すぎるとふくらはぎが疲れやすくなります。適切な位置でないと、さらに腰も痛くなる可能性があります。

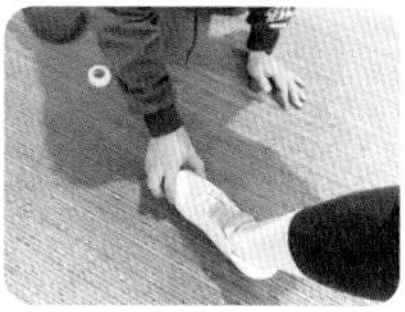

クリート位置

クリートは、母指球と小指球を線で引いて、その線の真ん中にペダルの軸が来るようにセットするのが基本。

一概にはいえないそうですが、
クリート位置を前めにすると大腿四頭筋を
使えるようになるため瞬間的なパワーが
上がりやすく、少し後ろに下げるとハムストリングスや
お尻の筋肉が使えるようになって、一定速度が
出しやすくなるとのこと

走りが変わる!
スマートトレーナー

固定式ローラーなら初心者も安心　雨の日も効率良くトレーニング

乗り慣れてくると、長く速く走りたい、ヒルクライムに挑戦したいなど、目標が出て来ますが、灼熱や極寒の中のサイクリングはできるだけ避けたいのが本音。そんなときはトレーナーがおすすめです。

最初は後輪を固定できる固定式のト

最大12速まで対応可能な室内トレーナーの決定版。なんと、超高速Wi-Fi搭載で、室内でインターネットに接続可能。部屋にいながらにして世界のサイクリストとつながる競争やトレーニングが可能に！　ぜひ、多彩なトレーニングライフを。
KICKR スマートトレーナー ¥187,550（Wahoo）

レーナーをおすすめします。わたしは、トレーナーで走るときは、音楽を聴いたりYouTubeで動画を観たり、ドラマを観たりしています。最近ではトレーナーと連携したアプリなどもあり、バーチャルで世界各国を訪れることもできます。「外は土砂降り!?」なんてときも、サクッと乗れるのが良いですね。

トレーナーは高強度で回せて短時間で汗をかくことができ、野外の実走に比べて効率が良いのもメリット。ガチのトレーニングはわたしはあまりしない（笑）のですが、心肺機能が弱めなので心拍トレーニングに活用しています。

外では楽しくサイクリング、室内では基礎体力アップのためのトレーニングと使い分けてレベルアップしている人もいます。快適なライドのためにもトレーナーを、ぜひ活用してみてください。

愛車をしっかりお手入れすると、走りも快適に！
簡単にできるセルフメンテで、
自転車の寿命も変わってきます。
基本はフレームの洗車とチェーン洗浄。
チェーンの汚れを落としておくだけでも、
走りがとてもスムーズになります。
最後にチェーンオイルを注して仕上げます。

走りが変わる！

自転車のお手入れ

セルフ編

チェーン洗浄の手順を紹介します！

❶チェーンクリーナーで汚れを落とす。付属のブラシでブラッシングして汚れをしっかり落とし、ウエスで拭き取る。
❷フォーミングマルチクリーナーで洗い出し、すすぎ。泡洗浄で水洗いしなくても拭き上げるだけでスッキリした仕上がりになります。チェーンだけではなく、変速機やフレームなどバイク全体に使うことができます。
❸オイルをチェーンに注して完成！

フレームはやさしく手洗い、手拭きが基本。ロングライドにヒルクライムに、いつもつき合ってくれている相棒だから、愛車はいつもピカピカにしておきたい！

フレームは繊細で傷つきやすいうえ、外では水道が使えないこともあるので、マイクロファイバークロスを使っています。水をたっぷり含ませてホコリを洗い落としたら、乾いたウエスで拭き上げます。マイクロファイバーふきん¥110(DAISO)

チェーンにはチェーンクリーナーを使用。走っているときにザラザラした感触があったときや汚れが目についたときに、使っています。汚れが目立つときにはブラシで落として、ウエスで拭き取ります。

(左)チェーンの頑固な汚れを落とす環境にやさしい生分解性洗浄剤。チェーンクリーナー　A179・CHA-C ¥1,980(税別)(株式会社和光ケミカル)
(右)素材や人、環境に優しい多目的泡状簡単仕上げ洗浄剤。水が使えない環境での洗浄作業に最適。フォーミングマルチクリーナーA402・FMC ¥1,560(税別)(株式会社和光ケミカル)

プロレーサーからも絶賛される、奇跡の潤滑油。一般的な潤滑剤と違い、金属の隙間に入り込み潤滑性が持続。耐水性能もバツグン。LS BELLHAMMER GOLD 80ml ボトル¥2,990(税別)(スズキ機工株式会社)

走りが変わる！

自転車のお手入れ

プロおまかせ編

セルフ洗車では落としきれない汚れも、
プロにお任せすればピカピカに！
愛車を労り、たまの“ごほうび”に、
プロに隅々まできれいに
洗車してもらいたい──。
そんなときはこちらへ。
予期せぬトラブルを
最小限に抑えることもできます。

愛車とお客様を笑顔に自転車の洗車専門店

「プロは、レースの前は必ず洗車をします。それで気づくことも少なくないからです」。そう話してくれたのは、ラバッジョとうきょうの新田東弥さん。ラバッジョは東京と大阪に2店舗を展開する自転車の洗車専門店。扱う自転車はロードだけでなく、マウンテン、グラベル、クロスバイク、ときには実用車も。

お客様にはまず、メニューのご提案をしますが、多くの方がThreeスターという泡洗車とワックスのコースを選択するといいます。「洗車は、会話をしながら進めていきます。どういう乗り方をしているのか、次にどんなところを走る予定なのか。そういう話のなかで、お客様自身の中でも顕在化していなかった違和感や不安に気づけることもあります」。

お店のコンセプトは、お客様と愛車を笑顔にすること。安全で楽しいライドを、陰から提供してくれる、とても頼もしいコンセプトのショップです。

お話をうかがったのは…
ラバッジョ とうきょう
新田東弥 さん

LAVAGGIOとうきょう
東京都江戸川区中葛西2-22-10
電話番号 03-6808-7824
営業時間 10:00-18:00

ライトやサイコンなどのアクセサリ類を外して、高圧洗浄からスタート。洗剤をつけて泡だらけにして汚れを包み込んだら水で洗い流します。エアで余計な水気を落としたあとはウエスでふき取り、細かい水を追い出すために注油を。最後にワックスでピッカピカに！

“ななな”体当たりレポート

関西人が自転車に乗るなら ここから始めてみてや～

淀川 サイクリングロード （大阪府）

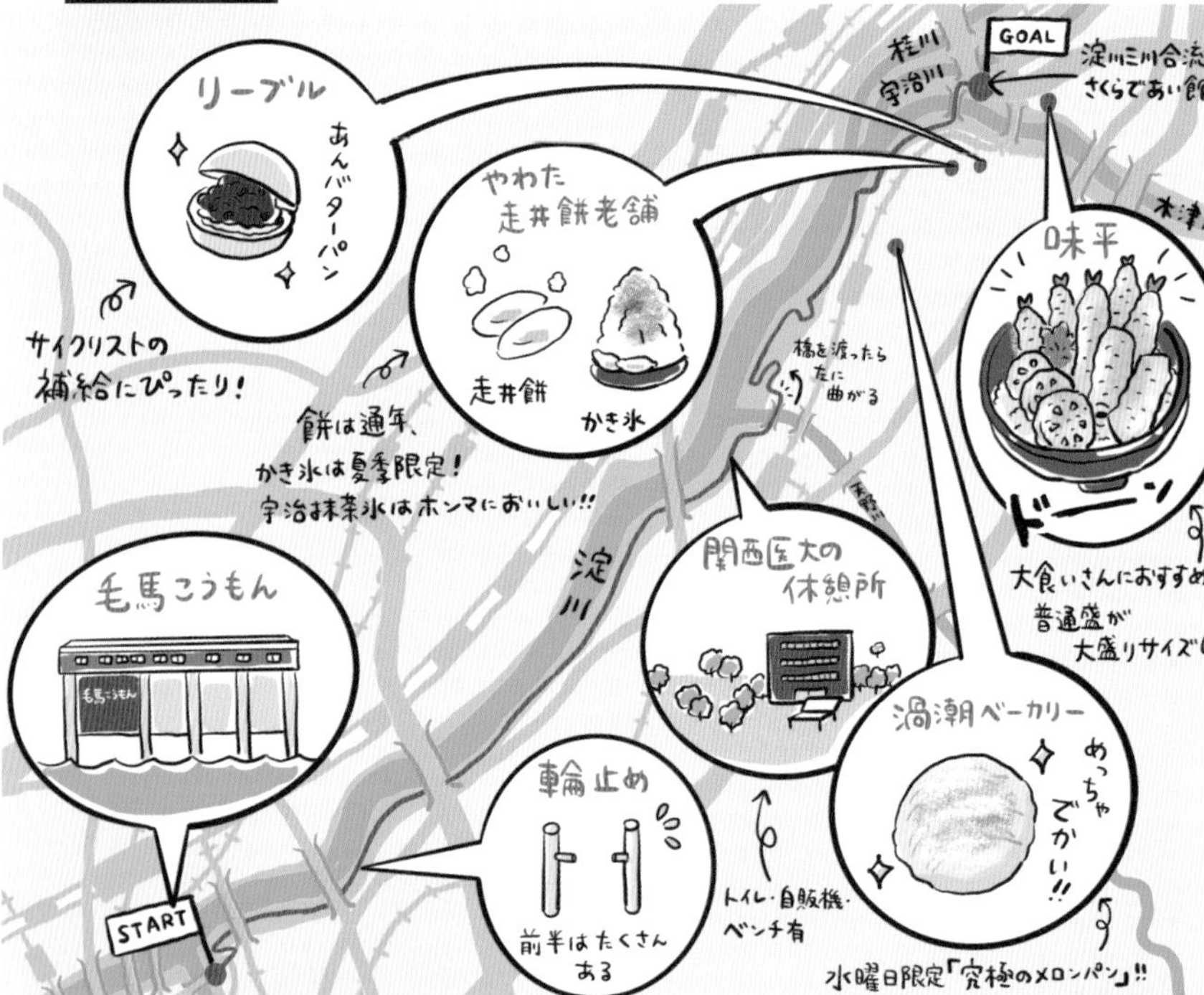

リーブル
あんバターパン
サイクリストの
補給にぴったり！
やわた
走井餅老舗
走井餅
かき氷
餅は通年、
かき氷は夏季限定！
宇治抹茶氷はホンマにおいしい!!
桂川
宇治川
GOAL
淀川三川合流域
さくらであい館
木津川
味平
ドーン
大食いさんにおすすめ！
普通盛が
大盛りサイズ(笑)
橋を渡ったら
左に
曲がる
天野川
淀川
関西医大の
休憩所
トイレ・自販機・
ベンチ有
渦潮ベーカリー
めっちゃでかい!!
水曜日限定「究極のメロンパン」!!
毛馬こうもん
START
車輪止め
前半はたくさん
ある

毛馬こうもん

DATA

起点 毛馬こうもん　終点 さくらであい館

全長 約30km（さくらであい館までの片道）

動画タイトル 【ロードバイク自転車】完全攻略！ サイクリングロードで行く嵐山までの道順解説！ 大阪～嵐山【ロードバイク自転車】

配信日 2021年6月11日

動画はコチラ※

※P56の桂川サイクリングロードもこちらで視聴できます

車や信号、トイレの心配ナシ 平坦な川沿いは清々しい〜

自転車を買ったら、まずはサイクリングロードでのサイクリストデビューをおすすめします！　道が平坦でそこそこ距離もあり、クルマも入ってこないので、ビンディングペダルの練習にも安心です。

大阪と京都の間の淀川沿いを走るサイクリングロードを紹介します。スタートは、国の重要文化財に指定されている水門の毛馬閘門《こうもん》。北上し、まずはさくらであい館を目指します。

前半は輪止めが多く、少しだけ一般道を走る箇所もありますが、全体的に平坦で道幅も広いのでビギナーにおすすめ！　慣れてくれば迷子にもなりません。道沿いにトイレもちょくちょくあり、女性サイクリストでも安心ですよ。

淀川CR ななな的 ハイライト!!

スタートから約17kmの地点にある
関西医大前の広場で休憩ができます。
トイレもベンチもあり、さくらであい館までは
自動販売機があるのはここだけ。
土日はサイクリストが多く、
子どもの通行もあるので安全走行で

前半は輪止めが多く、
乗り降りしないといけませんが、
側道に出て回避できるところもあります。
輪止めがあるからこそ、
クルマがいなくて安全なんですけどね……

関西医大を過ぎ、左手に橋を渡ると、
その先はお待ちかねの
輪止めのないエリア。
緑豊かな細い道や、
のどかな風景の中を走り抜け、
ラストは道幅が広い直線が続きます。
一般道に上がりまもなくすると
さくらであい館が見えてきます

“ななな”体当たりレポート

京都まで行けちゃう！
距離も手ごろな関西サイクリストの聖地

桂川
サイクリングロード
（京都府）

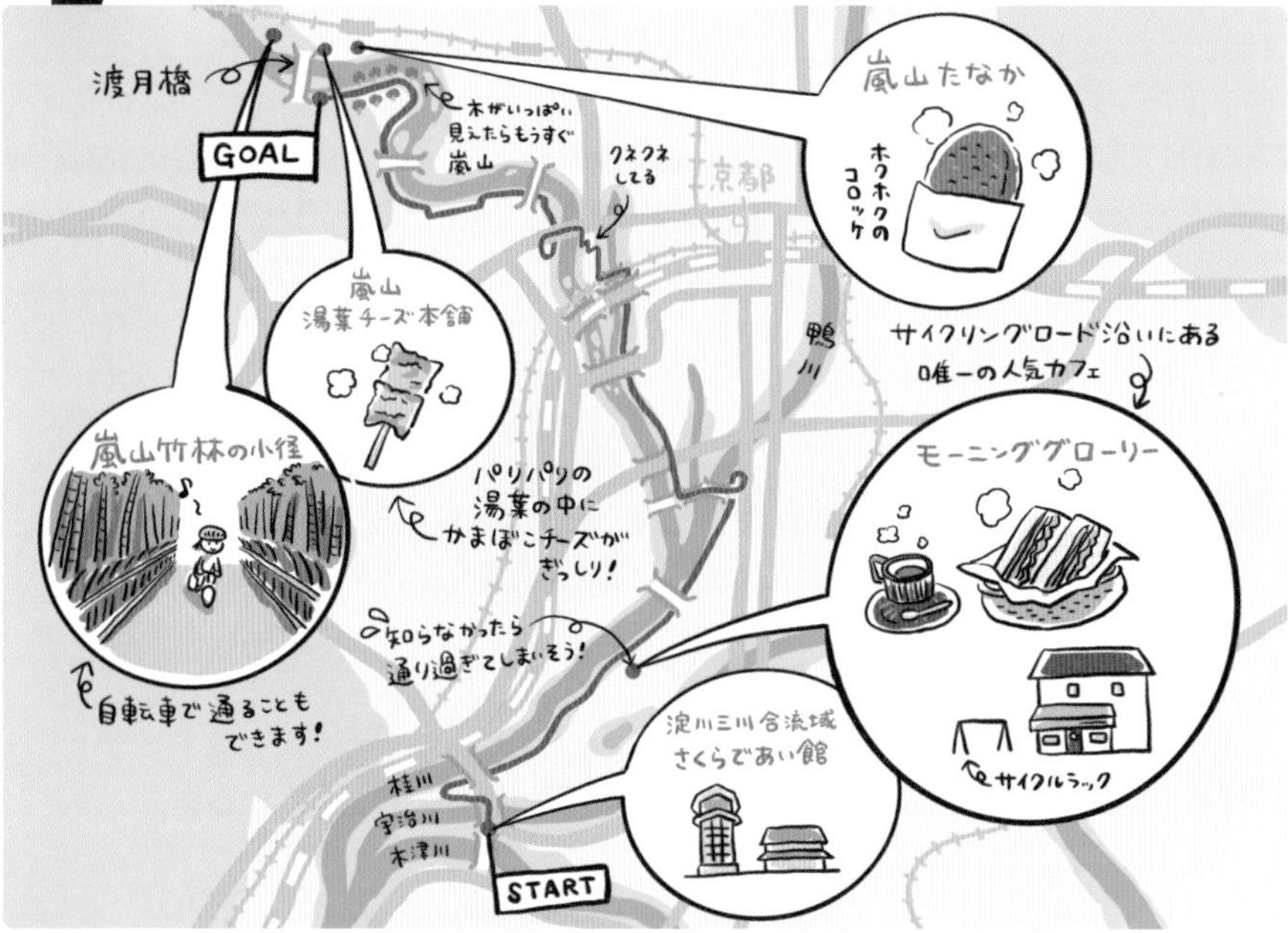

渡月橋
GOAL
木がいっぱい
見えたらもうすぐ
嵐山
クネクネ
してる
京都
嵐山たなか
ホクホクの
コロッケ
嵐山
湯葉チーズ本舗
鴨川
サイクリングロード沿いにある
唯一の人気カフェ
嵐山竹林の小径
パリパリの
湯葉の中に
かまぼこチーズが
ぎっしり！
モーニンググローリー
知らなかったら
通り過ぎてしまいそう！
自転車で通ることも
できます！
淀川三川合流域
さくらであい館
サイクルラック
桂川
宇治川
木津川
START

column

展望台にイベントも休憩も楽しい名スポット

木津川、宇治川、桂川が出合う三川の合流地点付近に、新しいランドマークとして2017年に建てられたのが、さくらであい館です。この辺りは桜の名所で、春のライドもおすすめ。展望台は、繁忙期以外は入場無料。広場でコンサートが開かれることもあります。自転車ラックがあり、関西のサイクリストにとって憩いのスポットです。

DATA

起点 さくらであい館
終点 嵐山
全長 約20km
動画タイトル 【ロードバイク自転車】完全攻略！ サイクリングロードで行く嵐山までの道順解説！ 大阪～嵐山【ロードバイク自転車】
配信日 2021年6月11日

平坦なショートコースで京都観光ライドも満喫

京都市嵐山を起点とする京奈和《けいなわ》自転車道全長１８０kmのなかの、嵐山から御幸橋までの桂川沿いが桂川サイクリングロードです。淀川から北上する場合は嵐山に向かう約20kmのコースを楽しめます。淀川にくらべ道幅が狭いエリアがあり、とくに休日はゆったりと観光ライドをしている人もいるので、スピードに気をつけて走りましょう。

京奈和自転車道は整備されていて、ロードサインや標識が目につくので走りやすいと思います。嵐山を観光して輪行で帰るのも良いですし、桂川沿いから足を伸ばして、千本鳥居の伏見稲荷や金閣寺などの観光とセットでサイクリングを楽しむのもおすすめです。

桂川CR ななな的 ハイライト!!

ロード沿い唯一の人気カフェ「モーニンググローリー」。左手に桂川を見ながら嵐山を目指しましょう

桂川CR
CRから直接行けr…

さくらであい館
2017年オープンで綺麗な施設です！

さくらであい館を背に、車道を渡って右手に進むと御幸橋からは桂川サイクルロードに入ります。

せっかく嵐山に来たので観光！有名な渡月橋や竹林の小径で京都を感じて充実のライドを！

嵐山は木津川サイクリングロード（京都八幡木津自転車道線）の起点でもあります。初の100km越えにチャレンジしたい人は、毛馬こうもんから嵐山を往復してみて！

桂川CR
この看板がゴールの目印ですね。

“ななな”体当たりレポート

関東で自転車に乗るなら まずはここからチャレンジやで！

荒川 サイクリングロード(左岸) (東京都・埼玉県)

榎本牧場
モ〜
高半
海鮮丼
ぜひお腹をすかせて 行ってくださいませ！
Big Mouse
Ryan02
こちらの2軒は同じ敷地内にある
入間川
スタートのときは閉店前、ゴール後は満腹で何も食べられず！
本日1軒目！ 余韻に浸るコーヒーの味♡ サイクルラックもたくさん！
今回走った迂回路
栗原coffee
キッチン とれたて
軽食から定食 など色々あります
彩湖
飛鳥ドライビングカレッジ川口
彩湖のニョロニョロ
START & GOAL
バカチンロード
埼玉
東京
荒川

関東ライド
in荒川サイクリングロード
ということで、荒川サイクリングロードに来てます

DATA

起点・終点 キッチンとれたて　折り返し地点 榎本牧場

全長 約80km

動画タイトル 【荒サイ】関東で有名な荒川サイクリングロードに初めて行ったがムズ過ぎた…関西のCRとどう違う？【関東サイクリストさんオススメのお店全部回れるかチャレンジ】

配信日 2023年10月1日

動画はコチラ

東京から埼玉へ、90km！サイクリストに人気の「荒サイ」

荒川サイクリングロードは、緊急用河川敷道路もふくめた荒川沿いの人気コース。川の両岸を走ることができ、右岸は河口の新砂リバーステーション、左岸は葛西臨海公園を起点に、武蔵丘陵森林公園（埼玉県）までの片道約90kmが、コースプロフィールです。近くには、サイクルラックが設置されたお店が点在し、休憩時間も楽しみが尽きません。

サイクリストのほかに、ジョガーもたくさん！　河川敷のグラウンドで球技を楽しむ人たちもいます。

グラウンドの多い右岸よりも左岸のほうが「走りやすく、楽しい」という視聴者さんが多く、関東初心者のわたしは素直に左岸を走ることにしたのですが……。

荒川CR ななな的 ハイライト!!

やっぱサイクリングロードっていうだけで

輪止めが少なく走りやすい！
ときどき分岐があったり、
整備中の通行止めで迂回したりもしましたが、
迷うことは少なそう

めっちゃ美味しい

…と思いきや、彩湖周辺で迷った後は（笑）、
さいたま市の住宅街にある
「クリハラコーヒーロースターズ」に寄り道。
店内で焙煎しているコーヒーは
アイスでも苦みが効いていてスッキリ！

彩湖周辺の、有名な
「ニョロニョロ」柵付近で、
愛車をパシャリ。
これで関東のサイクリストの
仲間入り？
にょろにょろ柵、あってよかった〜。
道、間違えてなかった〜

なななch恒例！おいしいもの巡り〜

動画はコチラ

動画タイトル 【荒サイに来たらここに行け!】関東サイクリスト御用達おすすめ7店舗すべてまわれるか?!【荒川サイクリングロード】 配信日 2023年10月5日

関東サイクリストさんに教えてもらったお店

荒川サイクリングロード沿いの
オススメしてもらったお店を回っていきます！
立ち寄りリスト
1110カフェ 閉
KURIHARA COFFEE 済
BigMouse
Ryan02
榎本牧場
SEAGOD BURGER
キッチンとれたて
問題は、
お腹と時間

視聴者さんに教えてもらったお店を回るぞ！

凄い凄い凄い

「Ryan02」の映えかき氷

甘酒スムージー

「BigMouse」の(ノンアル)甘酒スムージー

column 園内で栽培した地元野菜で大満足！「キッチンとれたて」

「荒サイ」の人気の休憩所といえば、河口から約24km地点にある「レストハウスキッチンとれたて」。足立区都市農業公園内にあり、園内で育てた“とれたて”の無農薬野菜を使ったメニューが味わえます。2階のレストランでは「とれたて定食」が人気です。荒川や富士山を眺めながらゆったり。

とれたて
キッチンとれたても何か名前の時点で…

1階の軽食コーナーはドライフルーツや羊羹の補給食まで充実！

さすがのわたしも食べきれない！
グルメも充実の荒川ＣＲ

関東のサイクリストさんたちが教えてくれた、荒川走ったら必ず寄ってね店舗巡り！まずはキャンプ場が隣接する古民家風のお店「Big Mouse」。甘酒スムージー黄桃とブリュレチーズケーキを堪能しました！ 隣の「Ryan02」ではソルダムマンゴーラッシーを爆食い。盛りがすごすぎて、ジェラートで有名な榎本牧場に到着するも、ジェラートは断念……。豚や牛に癒されながら休憩。ランチは近くの「高半」で海鮮丼をいただきました。

帰りは彩湖あたりから雨に降られ、濡れながらも「キッチンとれたて」に帰ってきました。東京近郊のお店はおいしいのはもちろん、オシャレなお店が多く、飽きずに何度もライドできそうですね！

“ななな”体当たりレポート

旅先の候補がぐん↑っと増える

輪行にチャレンジ

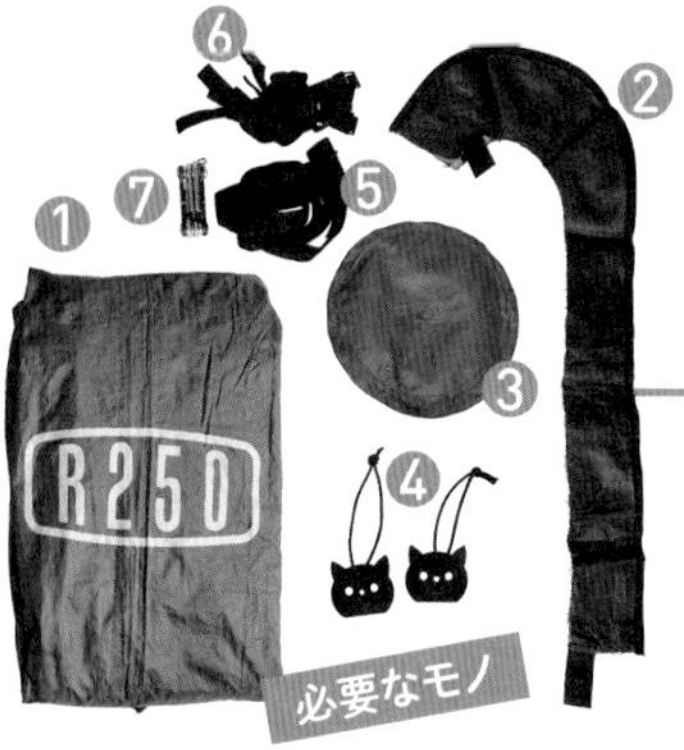

❶超軽量の輪行袋「R250」❷チェーンカバー ❸スプロケットカバー ❹パッドスペーサー（ダミーローター）❺肩紐 ❻フレームとホイールを固定するベルト ❼アーレンキー※ディスクブレーキ型バイク。ほかにフレームカバーなどを使用する人も。

① ギアをアウター（前輪）トップ（後輪）にする。リアホイールが外しやすく、外した後のチェーンがたるみにくい。

② フレームが入るように輪行袋を広げ、その上で自転車を逆さまにする。

③ ホイールとフレームをつないでいるスルーアクスルをアーレンキーで外す。スプロケットにはカバーを。

④ ホイールを外し、フレームを挟むようにして、立てかける。スルーアクスルはもとの位置に戻す。

⑤ パッド部分にスペーサーを差し込んで、ピストン※を防止する。

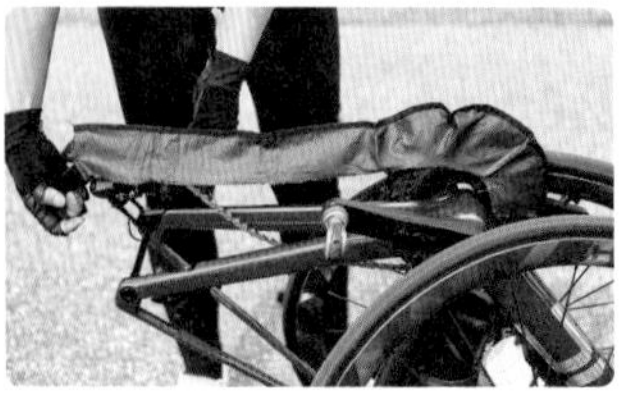

⑥ チェーンを守り、かつ、汚れが手や輪行袋につかないように、チェーンカバーをはめる。

※ピストン　ホイールを外したままブレーキを握るとパッドが閉じたままになってしまう現象のこと。

初心者にオススメは「横型」輪行で行動範囲を広げよう

公共交通機関に自転車を載せて移動する「輪行」をマスターすれば、自転車旅の起点・終点を自由に設定することができ、自走では難しかった遠出も自由自在。トラブルや急な体調不良でライドを中断したときなども、電車で帰れます。

輪行袋には縦型と横型がありますが、初心者や近場の移動では、横型がおすすめ。遠出になる新幹線では特大荷物スペースを利用するなど、マナーを守れば、用具や作業工程が少ない横型のほうがトライしやすいと思います。

ここでは、ディスクブレーキ型を横型輪行する際の手順を紹介します。さぁ、輪行で日本全国（ハードケースなら海外も可）自転車旅に出発しましょう！

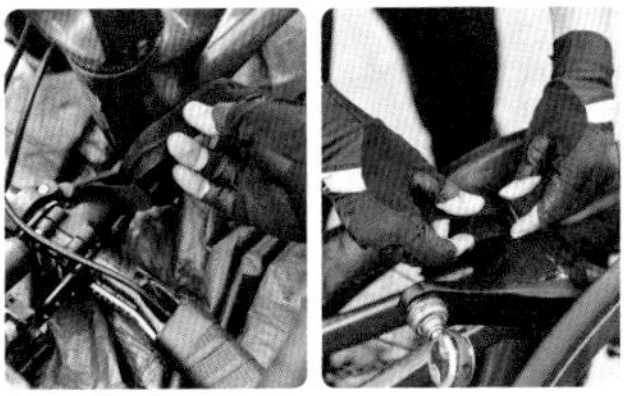

⑦ フレームのチェーンリング辺り（ボトムブラケット）とステムに、肩紐の端をそれぞれ取りつける。

⑧ 固定ベルトで、フレームとホイールを一体化してまとめる。3か所留めてがっちりホールド。

⑨ 輪行袋の口を持ち上げ、自転車すべてが覆われるように入れる。肩紐の長さを調整して完成！

POINT

締めすぎに注意！感覚をつかんでおこう

スルーアクスルを戻す際、きつく締めつけすぎると、カーボンフレームが割れてしまうことも。トルクレンチで締めつけの度合いを測り、感覚をつかむと安心です。

column

ちょっとした悩みに、頼れるアドバイザーいきつけの自転車ショップをみつけよう！

まったく知識がないのに、ショップに行って怒られないか、不安になる初心者の人もいるようですが、まったく問題ありません！　わたしも最初はわからないことだらけでしたが、「ロードバイクに乗りたい」、その気持ちだけで十分です。ショップスタッフに聞けば何でも教えてくれますし、一緒に調べてくれますので、予備知識はいらないと思います。

ロードバイクの良いところは、後から交換やカスタマイズができるところ。フレームは大きな買い物ですが、お気に入りのフレームを見つけて、ぜひ乗ってほしいと思います。

ただし、ひと口にサイクルショップといっても、シティサイクルがメインの店もあれば、ロードバイク専門店もあります。ショップのおすすめアイテムだけでなく、こちらの好みや乗り方を尊重してくれて、アドバイスをくれるショップは信頼できるように思います。わたしは何店舗か行ってみて、その中で信頼できるショップを見つけて、以降、よく通うようになりました。とくにコンポなど、ブレーキや変速に関わるパーツの不調は身の危険につながるので、少しでも気になる部分があれば、ショップに寄ってバイクのチェックをしてもらっています。これまでライド中に大きなトラブルに見舞われたことがないのも、頼もしいショップのアドバイスのおかげかもしれません。

イベント情報も仕入れられるので、お気に入りの店を見つけて、ぜひ通ってみてください。

chapter 3

“なななな”おすすめ サイクリングコース ロングライド編

海、山、グルメ、サンセット
坂の連続は過酷だけど、やりがいもある

淡路島1周

（兵庫県）

上り坂にボヤいた後は夕日と明石海峡大橋の絶景！

平坦な海沿いも山坂も、両方堪能したい人におすすめなのが、淡路島1周150km。通称「アワイチ」です。

名産のタコの姿焼きを楽しみにるんるんと向かいましたが、過酷なアップダウンに後半はバテ気味に。きちんと覚悟をしてトライしたほうが良さそうです。

岩屋港から時計回りで瀬戸内海を臨みながら走りましたが、「由良」を超えると一変して、過酷なヒルクライムに。上りが長く、なんと勾配12％！の箇所も。でも、峠を越せば、サンセットラインに出て、美しい夕日に癒されるはず。明石海峡大橋が見えたらラストスパートです。

海と山が織り成す絶景＋グルメも楽しめる、充実のコースを堪能しました。

DATA

全長 約150km

走行時間 約8時間

コースの特徴 交通量少な目。自転車コースの標識が多数あり。南側は峠を4つ超え、激しいアップダウンも

動画タイトル 【淡路島1周】150km完走!! ロードバイク女子ロングライド!

配信日 2019年8月2日

動画はコチラから

ヒルクライムに怯えてスタート……
心の中も山あり谷あり、波乱の150km！

名物
「タコの姿焼き」
で腹ごしらえ
顔と同じぐらいの大きなタコに
かぶりつきます！うま～！！

START
淡路ジェノバライン
岩屋港のりば
START / GOAL

淡路島
はじめてのアワイチ！
1周150キロ
100キロ以上走るのは久しぶり…
しかもヒルクライム…
蝉の鳴き声すみません…

山岳地帯に突入
＊Climb Pro機能は事前に
ルート設定が必要です。
＊ある程度勾配の続く山や峠
であればClimb Proが
機能すると思います。

暑いけど
気持ちいいーー！
海沿いは
快適や～

淡路島オニオン
たっぷりピザ
ジェラート
ピザと
ジェラートで休憩
in 福良マルシェ

再び海沿いへ
ふぅ。ひと休み

大鳴門橋をバックに
道の駅うずしおで休憩
残り66km

サンセットラインへ

まだ上りが
あったか…
これで終わってくれっ…
もう、登りたくねぇんだ…
ハァ、ハァー

到着！
淡路ジェノバライン
岩屋港のりば
ゴール！
8時間で完走！

明石海峡大橋
夜景もキレイ

とにかく暑かった…！けど
アップダウンが少なくて距離も走れる

琵琶湖1周

（滋賀県）

ほぼ平坦で道もわかりやすい琵琶湖を眺めながら快適ライド

人気の「ビワイチ」は、琵琶湖大橋を起点に、北湖160㎞と南湖40㎞を合わせた約200㎞の湖周遊コース。左側1車線を反時計回りで走るように推奨されています。道はほぼ平坦で、北湖側の木之本～永原地区にかけてアップダウンがありますが、7～8％の勾配で初級者のチャレンジもおすすめです。

自転車乗りの憧れの地、「サイクリストの聖地碑」をぐるりと回れるポイントもあり、彦根城や白髪神社の湖中大鳥居も眺めることもできます。

琵琶湖花火大会に合わせて走ったため、真夏で気温は、なんと40度！休憩を多くとって12時間半かけたので、完走後のスターマインの輝きは格別でした。

DATA

全長　約200km

走行時間　約8時間

コースの特徴　南側は交通量多め、自転車のブルーラインあり。舗装路だが、たまに凹凸も。アップダウンは1箇所

動画タイトル　【琵琶湖1周】フルビワイチ約200kmに挑戦！

配信日　2019年8月17日

動画はコチラから

琵琶湖をぐるっと約200km。
お目当てはゴール後のスターマイン☆

am7:00
START

補給食・熱中症対策…
・アミノバイタルゼリー
・塩分チャージタブレット
・電解質パウダー入りドリンク
持参しました！

サイクリストには有名なスポット
来てみたかった！
「サイクリストの聖地碑」

まだ涼しい〜♪
湖らしい風景

瀬田の唐橋
琵琶湖の最南端。フルビワイチの起終点。
今回は花火大会の交通規制エリアが近かった為
起終点は琵琶湖大橋にしました！

ベストショット♪
この辺りは
木陰もあり

ふぅ。ひと休み
ランチ…地元で有名な喫茶店「スイス」
ハンバーグ500円！

pm1:00
後半START
・START地点から約90km
・走行時間 約4時間
・暑さからくる疲労で身体がダルい

走行距離…196km
走行時間…約8時間
所要時間…約12時間半
8/8 琵琶湖花火大会
フルビワイチ
完走！
走行時間は約8時間

あとひと息！
映えスポット！
白髪神社の大鳥居

海の上を走る自転車道は最高！
島巡りが楽しいサイクリストの聖地

しまなみ海道

（広島県尾道市、愛媛県今治市）

海峡を渡る爽快感は唯一無二 ホテルまでサイクリスト向け！

瀬戸内海を渡れる「しまなみ海道」は、何度でも楽しめるサイクリストの聖地。広島県尾道市から愛媛県今治市を結び、6つの島、6つの橋を走り抜ける75㎞は絶景の連続です。個性溢れるスポットやサイクリストに嬉しいスポットも満載！

今治からは、自転車で大島、伯方島、大三島、生口島、因島、向島まで走り、フェリーで尾道に渡り、1日で片道を楽しむパターンもありますが、私は見どころたくさんの1泊2日旅をおすすめします。

今回は、大島で亀老山ヒルクライム（P114参照）の後、大三島で宿泊し、うさぎ（大久野）島に寄ってから尾道で折り返し、因島からフェリーで今治に戻りました。充実した2日間でした！

DATA

全長 約75km

走行時間 約4時間

コースの特徴 6つの島を渡るしまなみ海道サイクリングロード。クルマの心配は少ないが道幅がやや狭い所も。橋の前後などで起伏あり

動画タイトル 「【今治→尾道】しまなみ海道1泊2日自転車旅！ 亀老山ヒルクライム！ サイクリスト向けホテルも！【ロードバイクサイクリング】」「【うさぎ島】しまなみ海道のディープスポットサイクリング【ロードバイク、自転車旅】」

配信日 2021年12月19日

しまなみ海道を少しだけ外れる楽しみも！
絶景もグルメもホテルもぜいたくな75km

START 1日目

大島　亀老山上り中！
（山頂からの景色はP114へ）

SHIMA　AMI
CROWN BRIDGE

音デカい！
道の駅多々羅
しあわせの鐘の
轟音に焦る

海道を外れ
「大三島リモーネ」
で休憩
普通のオレンジジュースとはまた違った感じ！

伯方の塩入りラーメン
ラーメン定食でおかずが鯛のユッケ！

サイクリスト向けホテルWAKKAがオシャレ
WAKKA

サイクリストの
聖地記念碑！
サイクリストの聖地

海道に戻り、
多々羅大橋の
県境にワクワク

フェリーで
うさぎ（大久野）島へ

「しまなみ海道の
ディープスポット
サイクリング
（旅2日目）」

＼向島へ／

尾道到着！

次は因島へ
〜因島〜

はっさく大福2個食べた！
「はっさく屋」の
はっさく大福は
外せない！

ヒルクライムのごほうびは温泉
本州最南端を目指してロングライド！

大阪府〜川湯温泉〜潮岬
（大阪府、和歌山県）

日本最大の川湯露天風呂と本州最南端の岬を目指してＧＯ

　１日目は大阪府内から和歌山県田辺市にある川湯温泉の仙人風呂を目指す約１５０㎞のコース。獲得標高１７００ｍ、和歌山県に入ってからは上りが多く、１㎞以上のトンネルや、路面が粗い場所も多少ありますが、ごほうびの温泉を楽しみにがんばりました！　仙人風呂は日本最大の露天風呂で冬季限定ですが、夏は川遊びもできます。山々に囲まれた川湯に水着で気軽に入ることができ、疲れも吹き飛びますよ。

　川湯温泉に宿泊し、２日目は本州最南端の潮岬でまぐろを味わう約80㎞の旅。にぎわい市場でいただく新鮮まぐろは絶品！　帰りは本州最南端駅のＪＲ紀勢本線串本駅まで走り、輪行で戻りました。

DATA

全長 約230km
走行時間 約10時間
コースの特徴 和歌山県田辺市の川湯温泉に寄り、本州最南端の潮岬を目指すルート。大阪府内は交通量多め。温泉近くはトンネルや荒れた路面もあり
動画タイトル 「【ロングライド】大阪〜和歌山150km、獲得標高1700m！冬季限定の露天風呂を目指す旅！【和歌山県 仙人風呂】（旅1日目）」「【本州最南端を目指して…】自転車で走る和歌山が最高すぎる！【温泉ライド】【仙人風呂】」
配信日 2020年3月7日、3月13日（2日目）

仙人風呂を目指して気合いで上ったる～
目指すは日本一の水揚げ量を誇るまぐろ！

START 1日目

25kmの上り
キツイ！

橋本橋を渡ります
橋本橋

大阪府内からSTART
大阪→和歌山まで150km!

十津川を眺めて小休憩

実際はかなりのド迫力！
熊野本宮の大鳥居

川湯温泉に到着！
150km走破！
仙人温泉
～到着～

トンネル地獄や～

にぎわい市場に到着

う～ん、
まぐろが新鮮！

川が神秘的な色

川湯の
仙人風呂最高！

【本州最南端を
目指して…】
自転車で走る
和歌山が
最高すぎる！
【温泉ライド】
【仙人風呂】
2日目

橋杭岩
名勝天然記念物
の橋杭岩

本州最南端！潮岬到着！
本州最南端！潮岬到着！

映画の中のような絶景

登録者数1万人突破記念企画！関西人の憧れ☆ 富士山を目指して走る

大阪→新富士

（大阪府、滋賀県、三重県、愛知県、静岡県）

DATA

全長 約400km

走行時間 約19時間

コースの特徴 大阪府内から起伏の少ないルートを選び、主に国道1号線で北上。時間帯により交通量多め。車道の道幅はあるが大型車も多く注意

動画タイトル 「【自走400kmソロライド】大阪から富士山を目指して過酷ロングライド！～チャンネル登録1万人記念ありがとうロングライド～【ロードバイク】」

配信日 2020年3月28日

column とっても便利な自転車NAVI TIME

ロングライドでは、「自転車NAVI TIME」アプリのナビを使って走っています。自転車に特化したナビで、自転車通行禁止の道を回避したルートを案内してくれます。方向だけでなく、交差点名なども読み上げてくれるので、自転車乗りの強い味方です。

目的に合わせ「大通り優先」、「坂道少な目」などが選べ、それぞれのルートの高低差グラフを比較して、決めることができて便利！ 今回は(も?)、苦手な上り坂が少ない道を選びました。

月額660円で実際に走ったルートを地図に残すことができ、走行距離や消費カロリーも表示されるので、ログ管理にも役立ちます。

動画はコチラから

1日目！ 悪天候に苦しめられるも なんとか目標達成！ツラかった〜

やっぱり、降ってきたやん泣

START
曇り空…汗

でも、ひたすら走る！もうじき琵琶湖

どんどん悪くなる天気

…真っ暗汗

そんなに勾配はキツくないのであっという間に上り区間は終わる！
峠も越えて…
鈴鹿峠越え

三河安城駅に到着
いやぁ、着いて安心した泣
まだ1日目ですが、とりあえず1日目を終えた安堵感。
そして明日も200kmか…という不安…色んな感情が。

GOAL

今日は晴れた
国道1号線

2日目！ 残り200kmあるも…出発遅め、大丈夫？

START
2020/3/17 am8:30
…8:30

じゃーん!!

せっかく静岡県に来たので
ハンバーグで有名な「さわやか」へ向かいます！
さわやかまでの20kmは補給食で乗り切る！

column

静岡県民のソウルフード “さわやか”の げんこつハンバーグ

静岡県の最強ローカルチェーン店といえば、「炭火焼レストラン さわやか」。撮影日は新居湖西店に1時間半待ちで入れましたが、店舗や時間帯によって数時間待つことも。人気の秘密は、レアのような柔らかさの牛肉100%炭火焼ハンバーグ。店舗が静岡県内にしかないのもプレミア感があります。

↓正解のげんこつハンバーグ

この動画は1万人登録記念です
1万人達成までのストーリーを振り返ってみようかな
浜名湖
湖西市
東海道新幹線
この辺走ってます。
2日目
150km地点
残り47km
やっぱり
真っ暗に汗

1日目
2日目
2日間計
走行距離…401km
走行時間…18時間23分
獲得標高…1976m
過酷やった…涙

スーパーやさぐれタイム
山道とか…暗い道とか…
高速道路みたいな1号線とか…
でかいトラックが通る1号線とか…
まじで嫌や…！

一万人だから、日本〝一〟！富士山を目指して過酷な長旅へ

登録者数一万人を記念し、大阪から日本一の山、富士山を目指したコースです。この頃はまだ、２日間で４００㎞も走ったことはありませんでした。それなのに、１日目には雨はおろかあられにも見舞われ、修行のような旅に。ほぼ国道１号線を走るルートでしたが、後半は信号ストップが多く、やさぐれました（笑）。国道なので、たくさん店舗が立ち並んでいて、休憩には困りませんが、大型車の通行が多いので、とくに夜は要注意。

なんとかゴールしましたが、真っ暗になってしまい、富士山と対面したのは翌朝。美しさに感動！過酷すぎて、腫れぼったい顔でレポートしている富士山ライドの動画も、ぜひご覧ください（笑）。

やっぱり北海道は広かった！
ひたすら北上、目指せ宗谷岬

北海道300km
（北海道）

前編
動画は
コチラ
から

中編
動画は
コチラ
から

後編
動画は
コチラ
から

DATA

全長 約300km

走行時間 約13時間

コースの特徴 野幌駅からオロロンラインを通り稚内駅までのルート。交通量は少な目。夜間は街灯がほぼなく注意

動画タイトル 「300kmチャレンジ！ 北海道を思いっきり走る！ 2万人記念challenge ride!（前編）」「北海道300kmチャレンジ！ 向かい風とボヤキ…（中編）」「ついに最北端の地へ！ 北海道300kmチャレンジ！ 完結編」

配信日 2020年9月26日、10月4日、10月15日

タイムリミットは18時間！
雨風に負けずひたすら北へ

登録者数2万人記念ライドは初の1日300km！ 野幌駅から出発し国道12号線経由で日本海オロロンラインを走り、日本最北端の駅、稚内駅を目指す旅。

全体を通して道幅が広く、約29km続く日本最長の直線道路も走れて、快適！なはずでしたが……24時までに稚内のホテルにチェックインしなければならず、向かい風や雨のなかも激走。日が暮れてからは闇のなかで、ラスト約60kmはコンビニすらありません。本来なら日本海沿いの風車群や牧場、ひまわり畑など、北海道らしい風景をゆったり楽しめるコースなのです……。泣きながら走り、なんとか到着。翌日、落ち着いてから宗谷岬に辿り着き、感激しました！

北海道といえばカツゲン
300kmにも、「カツ」！

北海道限定販売の乳酸菌飲料、道民にはお馴染みの「ソフトカツゲン」。甘酸っぱい濃いめのお味が疲れた身体に染みます。めっちゃウマい！

「1日で300km」のちょっと無茶なトライで不安もいっぱい。距離があるのでゆっくりできず、休憩はサクっとコンビニで。国道沿いやオロロンラインに店舗を展開するセイコーマートでソフトカツゲンをチャージ。スタートから42km地点で飲み、67km地点でおかわり(笑)。

ゲン担ぎで受験時期によく飲まれ、勝源神社のお守りバージョンのパッケージもあるそう。カツゲンのおかげもあり？無事にゴールできました。

「走るのが目的」でも
映えるスポットは外さない！

道の駅おびら鰊番屋がある、にしん文化歴史公園にて。ここから望む日本海はビューティフル！　映え写真はサンセットタイムが狙い目です。

日本海オロロンライン沿いにある、道の駅おびら鰊番屋でひと休み。国指定の重要文化財でもある旧花田家鰊番屋が道の駅になっていて、レストランや特産品販売コーナーも充実しています。海沿いには松浦武四郎の像と夕日のモニュメントがあり、記念撮影にもってこい！

300km走破が目的であまりスポットに立ち寄っていませんが、左右に広がる田んぼや、どこまでも続く直線道路など景色で北海道を存分に味わえました。

苦労があるほど
思い出に残る

国内最北端の駅、稚内駅にゴールし、翌日は最北端の地、宗谷岬へ。ゲリラ豪雨に見舞われ、バスで輪行して辿り着いた、必死の1枚です。

稚内駅になんとかゴール！　翌日は30km走り、宗谷岬まで足を伸ばす予定でした。ところが、稚内港北防波堤ドームに寄ったり、ノシャップ岬近くの店で生ウニ丼をいただいたりしていると、急に黒い雲と突風が！　自走で日本最北端の地に辿り着きたかったのですが、仕方なく宗谷岬行きのバスで輪行しました。

写真だけは撮りたいと思い、雨風が落ち着いた瞬間に無理やりバイクをもち上げてパシャリ。

温泉に、かの有名なご当地キャラ――
見に行きたいもの、たくさんだけど
とにかく走る！ 国道3号線400kmロングライド

九州縦断400km
（福岡県、佐賀県、熊本県、鹿児島県）

DATA

全長 約400km

走行時間 約18時間

コースの特徴 国道3号線の起点から終点までのコース。交通量は多め、熊本市内周辺や終点近くは起伏が長く続く

動画タイトル 「国道3号線九州縦断400kmソロロングライド【前編】 3万人記念ライド」
「ソロライド2日間400km！ ロードバイクで九州縦断！【後編】 3万人記念ライド」

配信日 2021年11月3日、11月6日

column ローカルチェーンを押さえて安心ライド

北九州発祥のうどんチェーン店「資(すけ)さんうどん」は、SNSのフォロワーさんが教えてくれたお店。九州でポピュラーなごぼう天が入っていて身も心も温まりました。国道3号線では「おべんとうのヒライ」を発見。おにぎりやお惣菜の種類がとにかく豊富！ 福岡、熊本を中心に130店舗以上あり、イートイン可の店舗も多く、ちょい休憩にとっても便利です。気軽に立ち寄ることができるローカルチェーン店をチェックしておくと、いざというとき安心だし、なによりもとってもおいしい地元メシにありつけます。ライド時はルート上のお店に目星をつけておくと安心です。

START 1日目

1日目！

久々のロングに、ちょっぴり不安。
バテたけど190km前進！

大きな虹！
しかし、
このあと雨が…
朝の空の色じゃないし綺麗な虹やし
喜んでいいのかわからないスタート笑
1日目 START
コースは国道3号線の起点から終点！
関門海峡で
県またぎ
してから…
めっちゃ晴れてきたー！
晴れてきた〜
ごぼ天肉うどん
美味！
視聴者さんに
元気を
もらいました☆
福岡に来たら
とんこつ
ラーメンは
マスト！
80km走って博多
80km地点 博多駅
1日目の走行距離は191km!
今日の目的地
熊本市到着〜！
暗くなってきた〜
キツイけど急げ
地味〜な斜度の長い登りはじわじわくる涙

START 2日目

2日目！ 地味な起伏がキツ〜い3号線制覇へ！

日奈久温泉街の焼きちくわウマし！

START
九州縦断 2日目
400kmライド
昨日は速攻爆睡でした笑

熊本城から出陣

このあとご当地キャラのラッピング列車に遭遇

40km地点 八代駅

直売所で休憩
熊本名物
"いきなりだんご"

84km地点 農産物直売所 よりみち
休憩
トイレ
これも普段食べれない味で美味しかった！

九州で初の海にご対面

九州縦断してきて初めての海〜！

column 日奈久温泉でひと休み八代市でご当地キャラを探せ！

八代市の日奈久温泉は熊本最古の温泉地といわれるだけあり、古き良き時代を彷彿とさせる雰囲気を漂わせています。市内に無料の足湯もいくつかあるので疲れが癒されます。そんななか、人気のご当地キャラにちょくちょく会え、ほっこり。八代市内の大型船が入港できる港も某ご当地キャラの名前が冠されていて、人気ぶりがうかがえます。

疲れた体に温泉街は誘惑すぎる〜

50km地点 日奈久温泉街

※ブルーライン　路面に引かれた青いラインのこと。サイクリングにおける推奨ルートを指す。

山坂ばっかり
やんけ…

2日間トータルで300km地点

150km地点
残り50km
ラスト
スパートや！

～3万人記念企画達成～
3号線ゴール！400km走破

もう真っ暗
怖いよ(泣)

個性的な4県を巡る九州縦断 賑やかな街から山へ3号線の旅

国道3号線の起点から終点までの400kmを走り抜けたのは、チャンネル登録者数3万人の記念ライドでした。今回は急ぎ足でしたが、福岡市内や熊本城など観光名所がいろいろあるので、ゆったりとしたスケジュールで寄り道しながら走るのも楽しめると思います。

市街地は交通量が多く、ブルーライン※があるエリアは一部なので、安全走行で。小栗峠周辺や鹿児島県に入ってからは、急勾配ではないもののアップダウンが続き、じわじわと効いてきます。

3号線沿いは店舗も多く日奈久温泉街もあるので、計画的に休憩も楽しんでみたいところ。後半の山坂がシンドい分、3号線ゴールの喜びは大きい！

海！海！…たまに激坂 テンション↑↑
地元グルメも感激！オキイチ400kmライド

沖縄1周 400km

（沖縄県）

DATA

全長 約400km
走行時間 約20時間
コースの特徴 那覇市から、主に国道58、329、331号線を通って沖縄を1周。交通量多めの箇所もあるが、舗装路で走りやすい
動画タイトル 「ロードバイクで沖縄一周400kmオキイチに挑戦！ 沖縄の風ってこんなに強いの?!【ロングライド】（1日目）」「沖縄でもボヤキ炸裂!! 天然記念物ヤンバルクイナに遭遇?!【ロングライド沖縄一周400km】」「さとうきびがこんな味だとは…! 沖縄最高!【ロングライド沖縄一周400km】
配信日 2023年2月26日、3月2日、3月5日

column

沖縄発ルートビアは元気ドリンクの決定版！

沖縄のファストフード店といえば、ゴーヤの卵とじがサンドされた“ぬーやるバーガー”が人気の「JEF」と、「A&Wレストラン」（通称エンダー）が二大巨頭。「A&Wレストラン」の目玉は、なんといってもオリジナルドリンクのルートビア！ ルートビアは、本家アメリカではハーブを使った低アルコールの自家製醸造酒ですが、こちらは安心のノンアルコール。ライド中のお酒はNGです！ バニラやリコリス、ジンジャーなど十数種類の薬草が入っていて独特すぎるお味…。でもとっても体に良さげ！ 暑い沖縄のライド時、水分補給はかかせません。おかわり自由な店舗が多いので、たっぷりとエネルギーチャージをどうぞ！

1日目はコチラから

1日目！ 風よ！いい加減にしぃや～ めげずに国道58線を北上

港川ステイツ
サイドタウン
レトロかわいい
街並み

国際通り近くから
出発！58号線へ
1日目 START
沖縄1周
オキイチ
400km

残波岬
泡盛の
パッケージか！笑

ケープ残波
ドライブイン
沖縄最大のシーサー！

WELCOME

ナゴパイナップル
パークで休憩

ヤシの木が
逆立っている！
超強風～
沖縄っぽい海が出てきたー！

やっと国頭の
ホテルに到着～
ゲストハウスみたいな宿に泊まります。

向かい風のなか130km走行
最後の最後まで強風。

屋我地島のビーチ最高！

2日目はコチラ!

2日目！ ヤンバルクイナはどこや～ 大自然を満喫！

めっちゃ登りでした…
わー
激坂やんけ！

まずは辺戸岬へ
気持ち良い～
やんばる国立公園
辺戸岬

START
4万人記念
沖縄1周400kmライド
今日は
やんばる
地域へ
ハイサイ2日目

デカクイナ！

ヤンバルクイナ展望台の絶景！
展望台なので景色も最高！

ヤンバルクイナ生態展示
学習施設で会えた

column めったに会えないけれど… ヤンバルクイナ飛び出し注意！

ヤンバルクイナは沖縄本島北部の山原地域のみに生息する鳥で、国の天然記念物です。鳴き声が聴こえることがあるとのことで、ひと目見たかったわたしは、YouTubeで鳴き声を予習して臨みましたが、野生のコには会えずじまい…。しかし、急に道路に飛び出してくることもあるのだとか。注意を促す標識もあるので走られる際はくれぐれもご注意を。

道路には"クイナ注意"の文字が。

とび出し注意

やった！久しぶりに
海沿いに出た
坂ばかり嫌や…
サーターアンダギー
で補給
久々に海が見れた〜
沖縄1周 2日目
無事終了しました〜
ペンション
に到着〜
山坂120kmを走破!
だんだん街なかへ。
夕飯は沖縄そばと
ジューシー

どこの景色も最高なオキイチ 海沿いも山も走りやすさ抜群

登録者数4万人の記念ライドは1周400kmの沖縄へ！ 景色やグルメを堪能するため3日間かけて走りました。

初日は賑やかな那覇市内から国道58号線を北上し、残波岬や屋我地島を経由して国頭へ。雨風に煽られ、心が折れそうでしたが沖縄スイーツをエネルギーに乗り越えました。2日目は野生のヤンバルクイナを追い求め、山原地域へ。山坂のオンパレードでバテましたが、大自然を走り、心地よい疲労感。3日目は、主に国道329、331号を走るルート。伊計島へは寄り道して、キラキラの海が広がる海中道路を堪能！ 全体的に道路がキレイで走りやすく、ご当地ならではの景色とグルメに感動。リピート確定です。

3日目はコチラ!

3日目! 絶景に元気をもらい、3日目もなんくるないさ〜

念願のタコスで
腹ごしらえ

歩道にシーサーおる

3日目 START
今日が最終日
距離は150km

「ぬちまーす」の
塩マンゴー
スムージー
#塩
Nuchi Masu CAFE

生さとうきび、
甘っ!!
頑張って絞っております!

沖縄らしい
ヤシの木ロード
ここは"ヤシ並木ロード"という
ヤシの木がおよそ170本もある道

宮城島、伊計島へ
渡れる海中道路が
最高

知念岬はそろそろ
サンセット

沖縄1周400km
4万人記念ライド達成
楽しすぎた3日間ゴール!

88のステーキ!
実は2回食べました笑
STEAK 88 HOUSE

道を聞くなら、おじぃとおばぁは注意？
地元の方にタコスの食べ方を
聞いてみましたが
独特の方言でよく聞き取れず…(笑)

なんて言ってるか全く分からない笑

補給スイーツがウマ過ぎ！
紅イモタルトやサーターアンダギー、
パイナップルと地元スイーツにハマり、
ちよつと食べすぎ？

ウマウマやった〜

沖縄3日間を振り返り “沖縄ライドあるある”を まとめてみました！

沖縄ならではの注意事項？
クスッとしちゃうライドあるある

しつこく止まない雨にキレ気味

天気が変わりやすく雨風多し！
沖縄は台風が直撃することもあり、
海風に煽られる日もあるので
雨風対策もしつかりと！

絶景の連続で写真撮りがち
立ち寄りたいところばかりで
目移りします
スケジュールに余裕をもつて
満喫してみてください！

地名の漢字が読めない
標識のふりがなが頼りです(笑)

ちゃたんって読むの？
北谷町《きたたにまち》って思ってた。

日本最長の自転車道1,400km制覇
雨と涙の感動のフィナーレ

太平洋岸自転車道1,400km

（和歌山県、三重県、愛知県、静岡県、神奈川県、千葉県）

DATA

全長　約1,400km
走行時間　約60時間
コースの特徴　千葉県銚子市から和歌山県和歌山市を結ぶ国内最長のサイクリングロード。途中フェリーの航路が指定されている
動画タイトル「太平洋岸自転車道1400km…」

動画はコチラから

体調を顧みてリセット　5日×2回、激走の軌跡

千葉県銚子市から和歌山県和歌山市を結ぶ国内最長１４００kmの太平洋岸自転車道。当初はゴールを決めずにどこまで行けるか挑戦しました。本来は終点である和歌山市加太から出発し、初の５日間の連続走行で和歌山、三重、愛知県をまたぎ静岡県へ入りました。清水市で無念のリタイヤを経験しましたが、ゴールへの執念で、後日改めて清水市から再出発、神奈川県をまたぎ三浦市からフェリーで千葉県へ。通算10日目の最終日は、大雨のなか凍えながら、疲れた身体にムチを打ち激走。ゴールが見えてくると安堵で涙が止まりませんでした。伊豆の激坂や九十九里浜の砂地も、終わってみれば楽しく……印象深い旅でした。

フェリーでの移動や下りに助けられて進む

動画4日目10:15付近。加太を出発して4日目。愛知県の田原豊橋自転車道を通過中。エメラルドグリーンの海とヤシの木が映える！　まるでハワイのような光景。

和歌山県から三重県に突入。鳥羽港からフェリーに乗り、愛知県へ！　渥美半島の伊良湖に到着。次は静岡県を目指します。フェリーの休憩で安心したのか、一度は燃え尽き症候群のようなローテンションに陥りましたが、ギアチェンジ！　田原豊橋自転車道は、舗装された海沿いの道路でほどよい下りでホントにありがたい（笑）。この日は3県をまたぎましたが、愛知県を走るのはわずか70km。疲労困憊ですが、とにかく進みます。

ソロロングライドは体力、時間、気持ちの3つが必要

走りたいも、走りたくないも何も感情が無い境地に。
結構ヤバい

動画5日目9:13付近。連続走行5日目で心身の疲れがピークに。足に負担がかからないルートを選んでいるはずなのに、激坂だったり、通行止めがあったり、心が折れてしまう。

実はリセットすることを考えながら走っていた5日目。富士山に勇気をもらいもうひと踏ん張りといきたいところでしたが、5日間で604km走り、総獲得標高は4500mに。もうメンタルも限界。やはりライドは元気に走れる体力と時間と、そしてメンタルが充実してこそ楽しめるものと痛感しました。ゴールへの執念で同じポイントからのリスタートを誓い、もう一度再チャレンジする気持ちを養うため、時間をもらうことにしました。

神奈川県に突入待ってろ千葉県〜！

Cのモニュメント！

動画2章3日目10:53付近。リタイヤした清水市から再出発し、静岡を脱出して神奈川県の茅ヶ崎海岸を通過。サザンビーチのモニュメントで記念撮影！

静岡県はキレイな白浜があったり、アップダウンがしつこい（笑）伊豆半島があったりと表情豊か。感情の起伏も激しくなりましたがなんとかクリアしました！　神奈川県に入ると走りやすい海沿いの道が続き、三浦半島から千葉県の金谷港を目指すフェリーにもワクワク。いよいよ、千葉県へ。最後はビーチ近くで砂まみれになり、激しい雨も降ってきて辛さが倍増。ゴールの銚子駅が見えてくると思わず涙……。大きな経験になりました。

column

ソロライドも備えあれば憂いなし！ロードサービスもある自転車保険がおすすめ

自転車に乗っていると、どんなに気をつけていてもトラブルに見舞われることがあります。自転車事故のニュースを目にすることもあると思いますが、いつ自分が加害者、被害者になり得るかわかりません。近年は自転車保険の加入を義務づける自治体が増えているので確認してみましょう。義務化されていなくても、万が一の事故やトラブルに備える自転車向けの保険に入っておくことをおすすめします。

わたしはau損保の「自転車向け保険 Bycle 」プラチナコースに加入しています。年間約15,000円ですが、自己賠償補償額が2億円以上となり、事故などのトラブルによる故障であればサイコンやカメラ、ジャージの破損まで補償しくれます。さらに、ロードサービスがついているのもありがたいです！　例えば山道でチェーンが切れ、走行不能になったときなど、連絡をすれば24時間、365日どこでも来てくれます。指定されたエリア内であれば、自転車を駅やバイクショップなどまで運んでくれるので安心。とくにソロライドをしている人には心強いサービスです。

au損保の場合、月額340円からのコースがあり、保険会社により内容やグレードもそれぞれあります。万が一に備え、自分に合った保険を選びましょう。

chapter 4

“ななな”おすすめサイクリングコース ヒルクライム編

地獄の九十九折りを乗り越え 倒れ込んで念願のゴール！

十三峠（大阪府、奈良県）

ヘアピンカーブを上り切り夜景で有名な展望台へ

関西のヒルクライム聖地の1つ、十三峠は標高差375mで約4kmのコースプロフィール。平均勾配は9・2%、最大勾配は14・7%と、なかなかタフな峠です。1kmを超えると、傾斜がキツくなり急カーブが増えるので、落ち着けるポイントはほぼナシ！　初めてトライしたときには5、6回足を着いてしまいました。

景色を眺める余裕は1km地点くらいまで。途中でヘタクソなダンシングを取り入れたものの、よけいに疲れ（笑）、息切れ状態で必死のゴール！　初めて上り切ったときは、喜びで涙が出そうでした。夜景スポットとしても有名な展望台からは絶景が！「もう上らない」と思いましたが、なぜかクセになる峠です（笑）。

アクセス

交通機関 近鉄信貴線、服部川駅　**自動車** 阪神高速道路東大阪線「水走」インター

DATA

所在地 大阪府八尾市神立　**全長** 約4km　**走行時間** 約30分

コースの特徴 関西屈指のヒルクライムスポット。最初の1kmは緩やかだが平均勾配9%超えの九十九折りが続く

動画タイトル 【十三峠】登ってきました！ ロードバイク女子のヒルクライム！

配信日 2019年8月10日

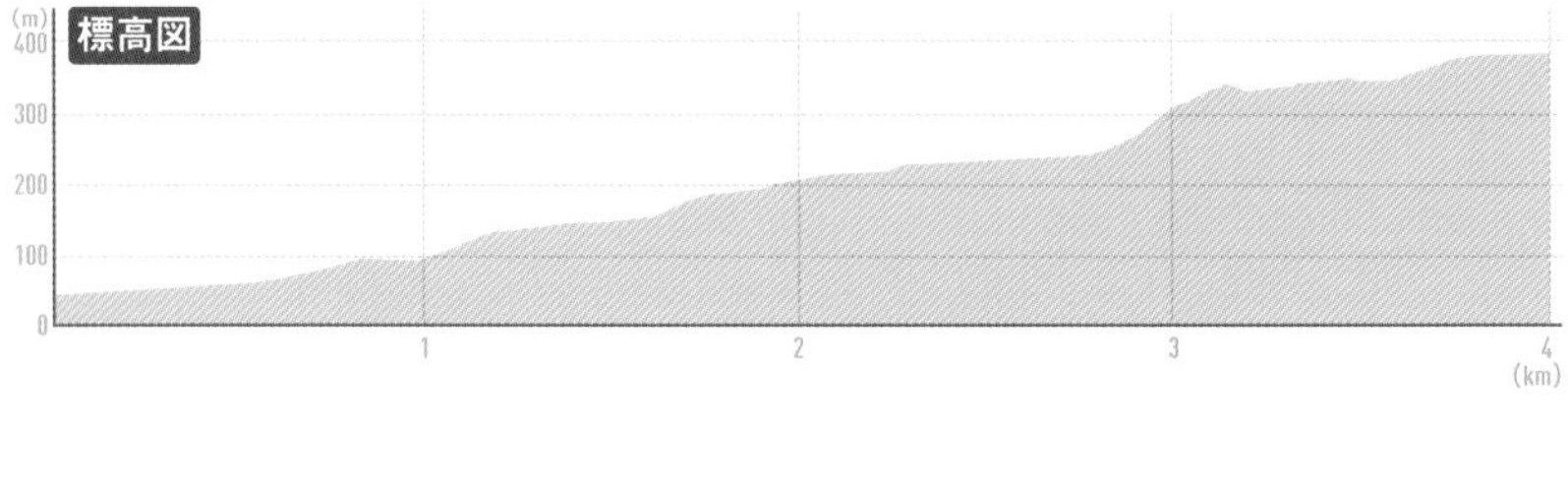

※ダンシング　立ち漕ぎでハンドルを左右に揺らす動き

動画はコチラから

今日は足着きなしが目標!!
気合いを入れて行くで〜!

START
START…大竹7丁目交差点
最初の1キロは比較的緩めです！
まだまだ余裕
ここからが
本当の勝負
ずっと急勾配…
5%
景色を眺める余裕は
ここで終了です
もうたぶん、無理…限界きてる…
あと500mなのに…
もう息がもたない…
九十九折れの急カーブ勾配は苦手…
※謎の奇声は「やった〜」って意味です。
GOAL…十三峠展望台
GOAL!!
初めて上れた！
でも、もう上らん…！
思わず倒れこむ…
これ見えたらもう少しでゴールや！
おっと！これは！
右カーブしたら、
あと少しや！
6%
3.7 KM

世界遺産ライドというより…
名物食べすぎ注意ライド?!

高野山
（和歌山県）

ご馳走につられ、ユル坂を上る
ヒルクライムなのに辛くない！

世界遺産を上る——弘法大使空海が開創した高野山の総門・大門を目指して！ 道の駅「柿の郷くどやま」から出発し、距離は20km。獲得標高は800m超えですが、激坂区間はなく、お店や寺社巡りも楽しめる道のりです。

ドライブインに立ち寄り、名物の焼きもちや和歌山産のみかんフローズンでリフレッシュし、いよいよ大門へ。真っ赤な五間重層の門は大迫力！ 歴史を刻む寺社を眺めながら、周辺のお店を巡ります。ごま豆腐にきつねそばに餅…名物が多すぎて食欲全開（笑）。

下りは別ルートの八幡神社方面から円を描くように戻りました。ヒルクライムには珍しく（笑）楽しいルートです。

アクセス

交通機関 南海高野線、九度山駅　自動車 京奈和自動車道「高野口」インター

DATA

所在地 和歌山県伊都郡高野町高野山　全長 約20km（片道、大門まで）　走行時間 約100分

コースの特徴 20kmで距離が長い分、平均勾配は4%程度とやさしめ。ほぼ舗装されている道だが交通量はやや多め

動画タイトル 【絶対痩せないヒルクライム】20km登っても痩せないその理由は…登った先にある高野山が楽しかったのでおすすめです！【世界遺産高野山】

配信日 2023年9月28日

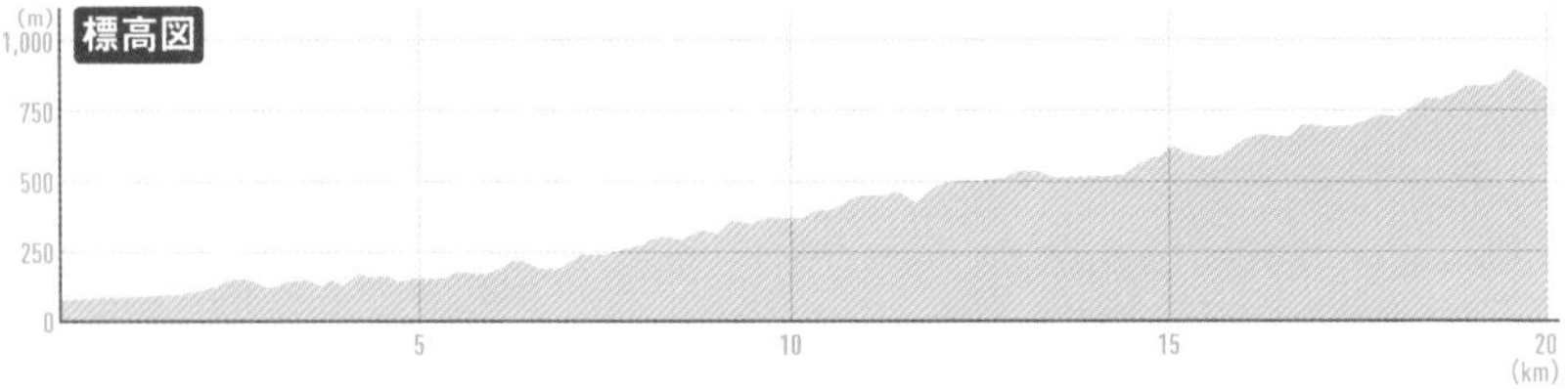

動画はコチラから

胃袋もスタンバイOk！
ヒルクライムなのにワクワクする

空と緑がキレイ！
約10km地点

START
世界遺産
高野山ヒルクライム

かじかドライブイン
名物のカエルと

スカイツリー！
東京スカイツリー®は同じ高さです
標高
634m
高野山開創1200年
山火事注意

この後も休憩しまくり…
和歌山はみかんの収穫量
全国1位
やっぱ和歌山のみかん美味しい

大門
高野山の総門
スゴイ迫力！
世界遺産の高野山
1200年前に空海が開創した真言密教の聖地

ようやく景色も見えてきた

奥の方までクッキリ

下りも快調〜
GOAL!!
今日は楽しいヒルクライムでした
今日のヒルクライムめっちゃ楽しかった

本日の献立
やきもち
みかんフローズン
生ごまとうふ
きつねうどん
たま麩
餅
餅
餅
なんぼほど食べんねんって
今日は食べすぎた(笑)

国内随一の激坂に挑戦
上れないけど、上りたい!

暗峠
（大阪府、奈良県）

これは坂なのか壁なのか 下りも困難な激坂に撃沈

全国からヒルクライムの猛者が集まる、超激坂の暗峠、国道（酷道!?）308号線の最大勾配は約40%! 平均勾配ですら17%の、最恐の峠に初挑戦しました。

序盤は静かな住宅街の生活道。車1台と自転車がギリギリすれ違えるくらいの道幅で細心の注意を払います。いきなりの急勾配なので、100m地点で立ち漕ぎになりペダルを踏みまくりましたが、386m地点で初の足着き。早すぎる終幕に、横道から勢いをつけリスタートするものの、進めず。押して上るのもひと苦労で、下りますが、下りも恐すぎ! 上っても地獄、下っても地獄です。「いつかは上り切る」と、リベンジを誓いました。山頂付近には茶屋が待っています。

アクセス

交通機関 近鉄奈良線 松岡駅　自動車 阪神高速道路 東大阪線「水走」インター

DATA

所在地 大阪府東大阪市～奈良県生駒市　全長 約2.4km　走行時間 不明

コースの特徴 最大勾配40%の全国トップクラスの超激坂。住宅街から緑を抜け山頂へ。道幅が狭く、車に注意。

動画タイトル 【暗峠】日本一の激坂、暗峠に登りたい! 登れるの?【ヒルクライム】

配信日 2020年2月4日

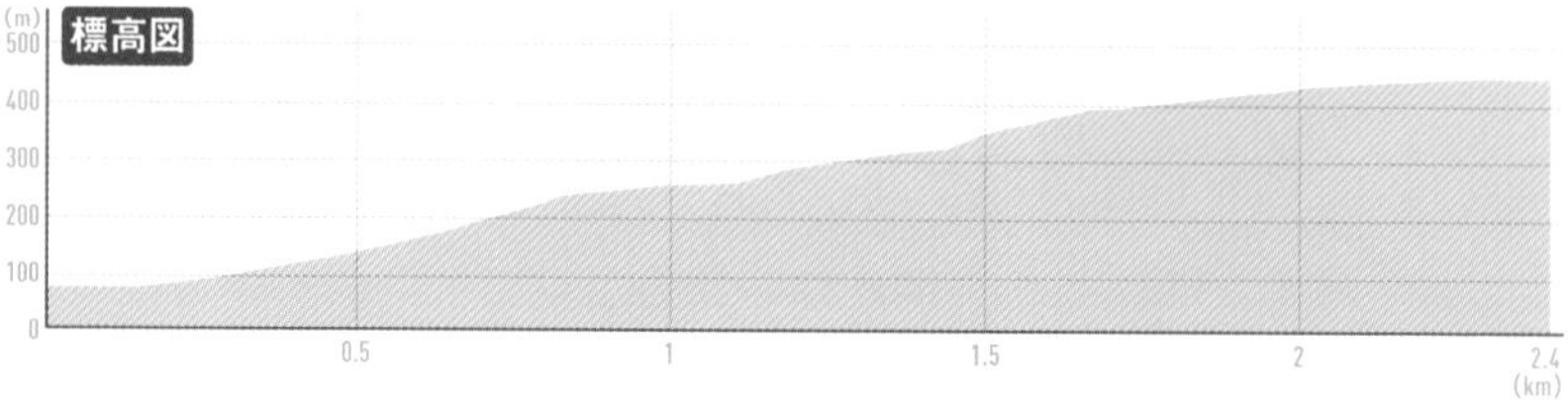

動画はコチラから

上れきれないのは覚悟のうえ。
“どこまで行けるか”に挑戦!

勾配12%以上の登坂にはこの「Oリング」という丸い溝が道路に刻まれています。滑り止めです。
勾配12%以上の道にあるOリング路面
チャレンジSTART!
START
ほんまにコケたくなかったんですw
すぐにダンシング!
足付きました。終了です。
終了…
左足クリートを外す。(ビビってる)
クリートも外す
歩いて最後まで登ろうと思ったのですが陽が暮れそうでした…
↑この横道を使ってリスタートする!
リスタートは2回
と言いつつまた横道があったので再チャレンジ!
下りも大人しく歩きを選択…
たった382mしか登れないなんて…んーまたチャレンジしたい…

動画はコチラから

動画タイトル 暗峠
配信日 2022年1月6日

いつかは上ったる…4回目の暗峠！日本一の激坂で新年の実力試し

ここは行ける道幅！
START
道幅は車1台分くらい。
車が来たらピンチ。
クルマが来たけど、行ける！

column 奈良側からチャレンジ ひと休み区間が…！

視聴者さんのオススメで、傾斜がやや緩い奈良側から挑戦しました。しかし最大勾配約25%、平均勾配10.7%とやっぱり激坂！ 途中、傾斜が緩み道幅も広くなりますが、また激坂に…。残り170mで足着きするも、山頂に辿り着いた！ まずは奈良側から試してみるの、アリです !!

裏暗峠は
しんどい息
なんか なんかもっと もっと激坂で
意外と
息しんどい

はぁ〜しんど

4回目の激坂チャレンジ
わずかな進歩も前向きに

毎年、お正月は、新年の実力試し、運試し。今回も、8か月ぶりに難攻不落の暗峠に挑戦です！

すぐに息が上がってしまった前回の反省を生かし、落ち着いてスタート。急勾配のうえ、道幅の狭い直線なので全集中します。前から後ろから来るクルマに体力も精神も削られながら、とにかく踏み込む！　前回、足つきしたポイントの電柱が見え、踏ん張りますが20m先でまたもや撃沈。わずかな記録更新を前向きに捉えることにします（笑）。帰りもあまりの激坂で、快調に下るというわけにもいきません。

同じコースでタイムや距離が伸び、成長を感じられるのも自転車の楽しみです。

関西一のロングヒルクライム
高い分だけ景色も最高！

大台ヶ原
（奈良県、三重県）

序盤は余裕だがとにかく長い！上り甲斐がある上級者向け？

舗装路を自転車で上れる山としては関西一の高さを誇る大台ヶ原。関西最大規模で有名な難関ヒルクライムレースの記念碑前からスタートします。

最初の8㎞は緩やかで余裕と思いきや、徐々に坂がキツくなりヘアピンカーブから鬼坂に！　平均勾配10％超えが5㎞も続きます。途中、遠くの山の峰まで見える絶景に、上り切った気分になりますが、まだ13㎞…。28㎞もの道のりに「長い！」とボヤキまくりです。

ラストの急勾配を踏ん張って、やっとゴール！　絶景ポイントを教えてくれた売店の店員さんが次回のヒルクライムレースも案内してくれましたが、やんわりお断りして帰ってきました（笑）。

アクセス

交通機関 近鉄橿原線、大和八木駅からバスなど　自動車 南阪奈道路「葛城」インター

DATA

所在地 奈良県吉野郡上北山村・川上村、三重県多気郡大台町

全長 約28km　走行時間 約180分

コースの特徴 「ヒルクライム大台ヶ原」レースで知られるロングコース。10％以上の勾配が複数あり、やや過酷

動画タイトル 【獲得標高1240m】自転車で行ける関西で1番高い山に登った！ 28kmロングヒルクライム！【大台ケ原】

配信日 2023年6月18日

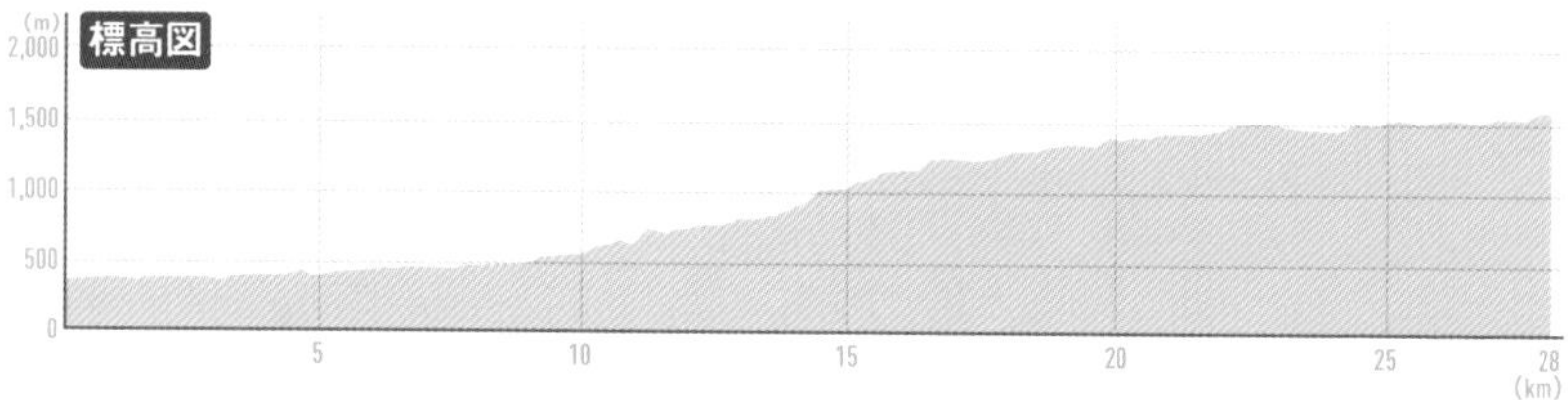

動画はコチラから

高い分、景色が楽しみ～
でも28kmも走り切れるか…

スタートして8km地点
だいぶ登り始めました

START
大台ケ原ヒルクライム

まだ、たった13km
めっちゃ登った
スタートから約13km
やっとやっと景色良いところに出た

13km地点から急変
このヘアピン頃から
平均10%越えが約5kmも続く

毛づくろいしてる
あ、おサルさん…

ドライブウェイ
激坂区間を登りきると
大台ケ原ドライブウェイに合流

休憩中もボヤく
もう長い！登りが！

山が連なる絶景！

最後の最後に10%の坂がお待ちかね

GOAL!!
やっと着いた～！！

長～い厳しい坂だけど
山頂では絶景のプレゼントが！

寒霞渓
（香川県小豆島）

サルに激坂、長い直線…
山頂のごほうびも充実！

香川県の小豆島1周「マメイチ」ライドのラストに、寒霞渓《かんかけい》ヒルクライムに挑戦しました！　展望台までのルートは東西南北の4コース。距離は長いけど緩やかな上りの南コースもいいのですが、わたしが挑んだのは平均勾配9％、最大勾配18％の難関、西コースです。緩い上りの先にスタート地点があり、序盤は眼下の景色を楽しめる場所もありますが、途中から激坂に！　長い直線的な急勾配が続くので精神的にもキツく、ボヤキっぱなしでした。その分、山頂のゴールでは気持ち晴ればれ！　ランチと、魔除けになるという瓦投げの儀式を楽しみ、南コースを軽快に下りました。コースを選べるのが良いですね。

アクセス

交通機関　高松港より「小豆島フェリー」で土庄港、神戸港より「ジャンボフェリー」で坂手港など

DATA

所在地　香川県小豆郡小豆島町神懸通　**全長**　約10.5km（西ルート）

走行時間　約60分

コースの特徴　山頂まで東西南北の4ルートがある。途中に激坂もあり直線の長い上りが続く西ルートは最難関

動画タイトル　【小豆島1周】寒霞渓ヒルクライム！　西ルート！　マメイチ！【後編】

配信日　2020年1月28日

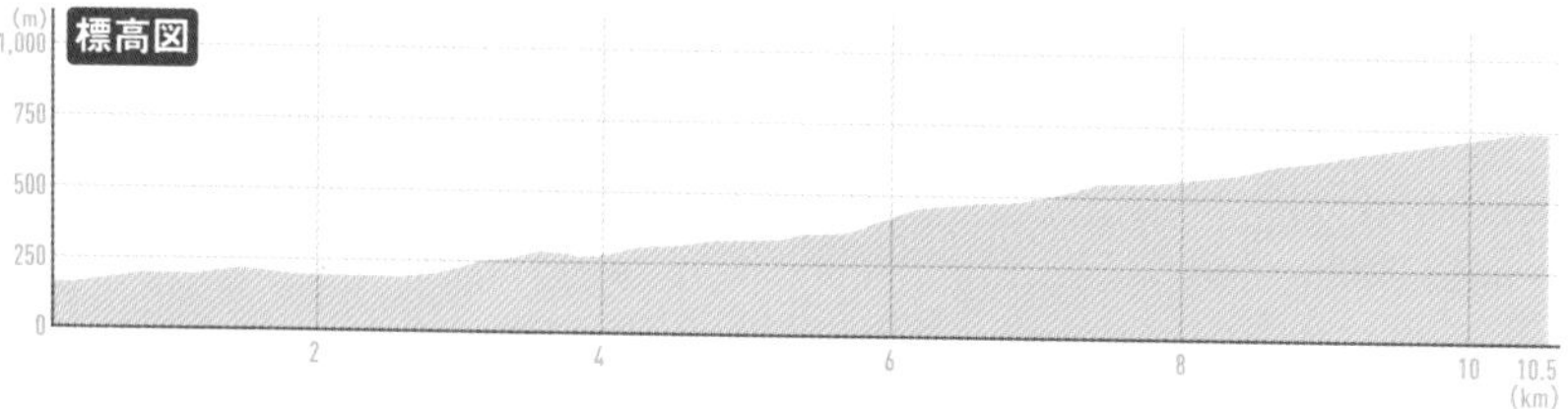

動画はコチラから

スタート地点がすでに上り！
激坂を制覇して山頂ランチするで～

START
ココから10km上り
絶景なのですが、
高所が苦手な私は少し恐い…
怖いくらいの絶景！
猿の次は激坂!!
上り急勾配
キー
バッチリと目が合う。
サル!?
GOAL
瀬戸内海国立公園
寒霞渓
休憩もしたけど
なんとか
GOAL!!
念願の！寒霞渓での記念撮影！
「かわら投げ」に挑戦
御利益有
かわらは軽い粘土で出来てい
瓦投げ…
ムズい
展望台からの景色は本当に美しかった…！

距離は長いけど勾配は緩やか
夏でも涼しく快適！

渋峠

（長野県、群馬県）

滝やポニーに癒されながらゆったり国道最高地点へ！

長野県と群馬県をまたぐ、国道292号線が、いわゆる渋峠。「日本国道最高地点、標高2172ｍ」で有名です。長野県側からの距離は約26㎞。獲得標高は1650ｍもありますが、平均勾配は6％と緩く、短い下りも挟むので、休憩しながら目指せば登頂できるはず！

途中には志賀高原のリゾート地があります。偶然、足を運んだ丸池ホテルは皇太子殿下も宿泊された由緒あるホテルで、可愛いポニーが出迎えてくれました。これからサイクリストを誘致するそうなのでお楽しみに！　県境をまたいだり、国道最高地点の証明書をゲットできたりと、プチ楽しみも、たくさん。夏でも寒かったのでウェアは重ね着がおすすめです。

アクセス

交通機関 JR長野原「草津口」駅、長野電鉄長野線「湯田中」駅など
自動車 関越自動車道「渋川伊香保」インター、上信越自動車道「信州中野」インターなど

DATA

所在地 群馬県吾妻郡中之条町渋峠　**全長** 約26km（長野県側より）　**走行時間** 約150分
コースの特徴 長野県側から日本国道最高地点を目指すルート。道幅は広いが交通量は多め。勾配はやや緩め
動画タイトル 【自転車で登る】真夏なのに寒すぎ！ 標高2172m渋峠ロングヒルクライム【日本国道最高地点！長野県～群馬県の県境】
配信日 2023年8月10日

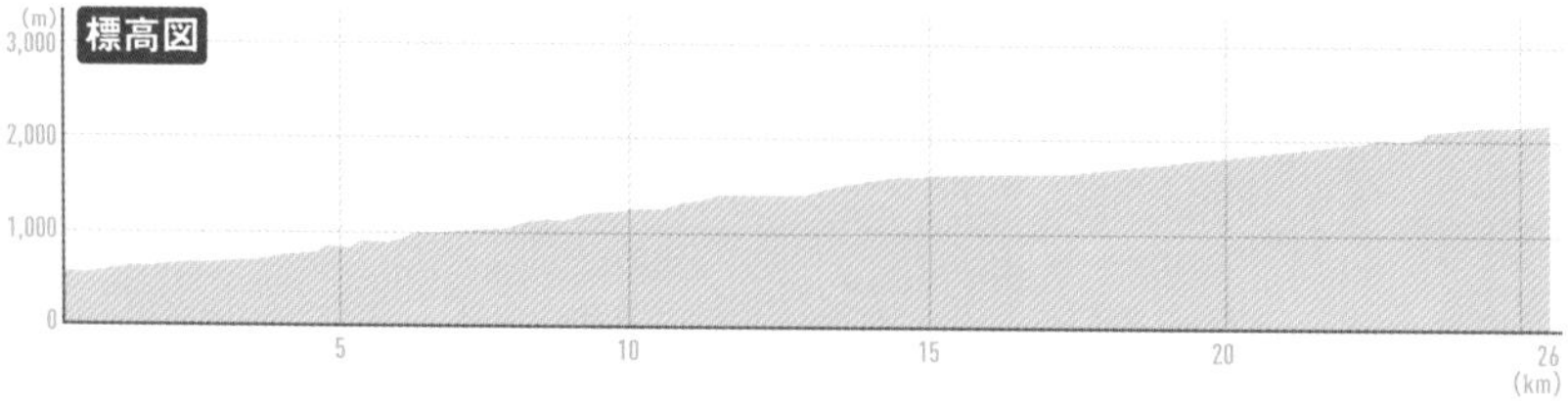

動画はコチラから

夏でもちょっと肌寒い…
国道最高地点までわくわくの26km

山もハッキリクッキリ
最高のサイクリング日和！

道の駅「信州やまのうち」から
START
渋峠ヒルクライム

滝が見える展望台
がありそうなので行ってみます

景色良いとこ出てきた〜

自転車下りて、
ちょっと歩く

めっちゃ温泉の匂いする
ゆで卵
食べたくなる〜

食事もできる
レストラン
モンテモア
他にも、過去に2度皇太子殿下がご宿泊されていたり
日本初の冬季五輪メダリストゆかりの場所だったり
とても凄い場所でした！
渋峠来た際は、丸池ホテルに立ち寄ってみてください！

ご長寿のお馬さん
目がキレイ

国道最高地点到達！
日本国道最高地点
標高2,172m
標高2,172m!!

県境

キツい、ユルい、やっぱりキツい！
関東で人気の"アメとムチ"峠

ヤビツ峠
（神奈川県）

見どころたくさん！
表・裏楽しめる人気の峠

ヤビツ峠は人気スポットで、名古木交差点から頂上までを「表ヤビツ」、清川村までを「裏ヤビツ」と呼び、往復して表裏を堪能する人がいるほど。撮影日もサイクリストさんで賑わっていました。まずは11・5㎞の「表」を攻めます。住宅街の急勾配からスタート。長い急坂にじわじわと疲れが出ますが、林道に入るとまさかの平坦基調！　5％前後の勾配で森林浴が気持ち良い～。甘い展開に喜びますが、このまま終わるわけもなく、菜の花台展望台がある丹沢大山国定公園あたりから斜度が上がります。

頂上の売店や、湧き水、お蕎麦……とプチイベントが盛りだくさん。キツいだけでなく、遊びも堪能できる峠です。

アクセス

交通機関 小田急線、小田急ロマンスカー「秦野」駅　**自動車** 東名高速道路「秦野中井」インターなど

DATA

所在地 神奈川県秦野市　**全長** 約11.5km(表ヤビツ)　**走行時間** 約50分

コースの特徴 名古木交差点からの「表ヤビツ」コース。前半の住宅街は傾斜がキツめ、山間部は緩くラストにまたややキツくなる

動画タイトル 【ヒルクライムの聖地】これがヤビツ峠?!…関東で人気ヒルクライムスポットに挑戦！ 今まで体験した事のないヒルクライムでした…

配信日 2023年9月21日

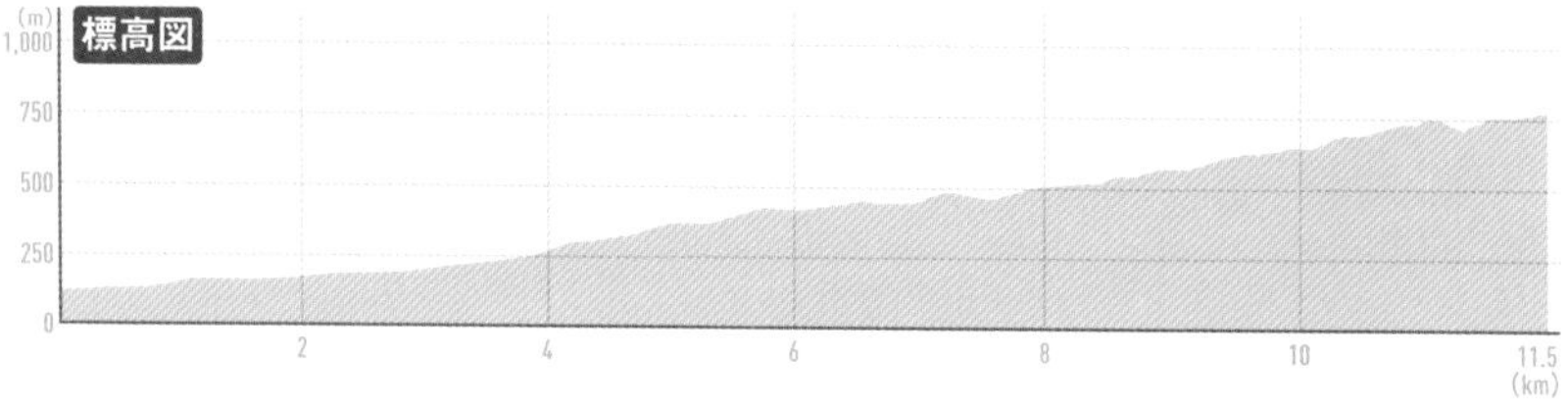

動画はコチラから

平均勾配5.6%の全長11km。長すぎず
短すぎず激しすぎず、ちょうどええで～

えっ結構最初から…
ヤビツ峠は
初っ端
いきなり急坂
斜度スゴっ
ヤビツ峠ヒルクラム
スタート
コンビニには、
すでにたくさんの
サイクリストが
最後また斜度か上がりました
アメとムチ
勾配が7%とか8%に
え!?
まだ半分…
頑張ろう！
はい！頑張りましょ～
森林浴
あー山ん中気持ち良い
ん～
森の中は良い感じ～
湧き水ゲット！
いちじくと青みかんソースの
ロールケーキ
登ったぞ！
景色最高
さすが名水！
「石庄庵」のお蕎麦
菜の花台の絶景

番外編！

七色コースをもつ名山で
目指せ全ルート制覇！7葛への道

和泉葛城山
（大阪府、和歌山県）

関西の名山、和泉葛城山を上るルートは全部で7つ。
この7ルートを1日で制覇することを、
サイクリストたちは「7葛（ナナかつ！）」といいますが、
わたしには無理（笑）。
1日1葛で全制覇を目指しています。
工事で通行止めの1ルート（撮影時）を除き、
いったん6ルートをすべてチャレンジしました！

1葛目／塔原ルート

動画タイトル

展望台に行きたかっただけなのに…ヒルクライム和泉葛城山塔原ルート! 目指せ七葛⁉【ロードバイク自転車】

天国〜天国〜

そこそこ下りもあるコースだけど、楽しんでいると手のひらを返したように上りが。全体的に虫も多くて、大騒ぎのライドとなりました。

休憩…
限界で足つきしました。涙

爽やかに上ろうと思ったのに3分の1であっさり足つき……。でも絶対ゴールしたいので、がんばる！

2葛目／犬鳴ルート

動画タイトル

【激坂】7葛チャレンジ!和泉葛城山2葛目犬鳴ルート【ロードバイク】

15％でええやん！

斜度14.9％って……。15％でええやん！　どんな親切なのか、謎の刻み（笑）。まぁ、15％だろうが14.9％だろうが、キツイものはキツイ

全体的に楽しく上れたルートだったのですが、途中、怖〜いトンネルが……。こういう隧道とかって、ちょっと不気味。自分を励まし、進む。

3葛目／神通ルート

とっても上りやすい神通ルート。まさかの、このわたしがノーボヤキ。ヒルクライムの自信がついてしまう?

とはいえ、展望台の先はやっぱりキツイ。展望台にいくまでが葛城山。ヒルクライムの自信なんて、幻でした……。

動画タイトル
【ヒルクライム】和泉葛城山　神通ルート【ロードバイク、自転車】

4葛目／紛河ルート

意図しない場所での足つき。ブラケットにかけていたタオルを落としてしまった…痛恨のミス!

「ゆたか茶屋」でおでん休憩していたら、おかあさんがよく冷えたきゅうりを特別サービスしてくれました!

動画タイトル
そんなはずじゃなかったのに…紛河ルート【和泉葛城山7葛への道】

5葛目／中尾ルート

虫嫌いのわたしは、ヒルクライムでいっつも虫に泣かされるので、今回は虫よけスプレーを完備!

でも、それどころじゃない、きっつい坂に、痛恨のリタイヤ……。歩いてでも、何度足つきしてでも、制覇するはずだったのに……。

動画タイトル
【自転車で激坂】最強Sランク葛城山ヒルクライムチャレンジ!【中尾ルート】

6葛目／蕎原ルート

S級といわれる、中尾と蕎原。15%級の激坂が直線で続きます。中尾が撃沈したことを考えると、蕎原も、一筋縄ではいかないか…?

今回は自分を励ます作戦に。暗峠で激坂への耐性ができていたのも良かったかも。中尾と蕎原は、またリベンジします!

動画タイトル
ボヤキ倒しヒルクライム…15%の激坂が2.5km続く蕎原ルート【和泉葛城山】

7葛完全制覇への道は、まだまだ続く……

column

上りのツラさは下りの爽快感で帳消し！タイヤを賢く選んで安心のダウンヒル

　突然ですが、実はわたし、かなりの高所恐怖症です。ジェットコースターはもちろん、観覧車でも怖いくらいですが、なぜか自転車で下るのはめちゃくちゃ楽しい！ 下りではかなりの速度が出ていますが、自分で自転車に乗っている安心感があって気持ち良い！ わたしにとって、ヒルクライムは、上った達成感と下る爽快感がセットになっています。

　スピードが出る下りは危険が伴うものですが、タイヤのグリップ力の強度により、リスクや怖さが軽減すると思います。わたしは、IRCの「ASPITE PRO S-LIGHT 25c」のタイヤを使っているのですが、軽いのにグリップ力が強く、下りカーブのコーナリングも安定しています。自分が安心できるパーツを使うことも、自転車を楽しむポイントですね。

　オフロードのダウンヒルも魅力的！ 初心者でも簡単に上って下れるE-マウンテンバイクのツアーに参加し、基礎を教わってロードと違うスリルを味わいました。車も通行人もいない、ゴツゴツした山の中を走る楽しさ。一度味わったらやみつきになります。

　マウンテンバイクは、前傾姿勢を取らず、身体の真ん中で自転車に乗るイメージ。バランス重視で安定させるのがコツです。ロードバイクと異なるテクニックが必要ですが、バランスを保ってオフロードを下ることによって、ロードのダウンヒルも安定してきたように感じます。みなさんも安全に、楽しんでくださいね。

chapter 5

“ななな”おすすめ
サイクリングコース
絶景編

しまなみ海道 亀老山

海道を見下ろせる唯一のスポット
島々と橋が織り成す奇跡の風景

走ってきた来島海峡大橋を上から眺めるビューポイントへ

サイクリストの聖地・しまなみ海道はどこも絶景ですが、大島にある亀老山展望台から見下ろす海と島の眺望は輝きを増し、特別です。この眺望を目に焼きつけるためなら上りもなんのその！

とはいえ、ここまでシンドイ上りだとは思っていませんでした（笑）。平均勾配8％の坂が3・7㎞続いて、ガチヒルクライムだと気づきます。草刈り中のおじさんから励まされ、涙ぐんでしまうほど（笑）。後半は15％近い勾配が続きますが、展望公園からのごほうび、絶景が待っています。しまなみブルーに染まる空と海。自分が走ってきた、3連吊り橋の来島海峡大橋を見下ろしてじわっと感動。もちろんダウンヒルも最高でした。

column

サイクリストなら1度は行きたい！しまなみ海道

しまなみ海道は、愛媛県今治市と広島県尾道市をつなぐ本州四国連絡橋。日本で唯一の、海峡を渡れる自転車道です。瀬戸内海の島々をつなぐ橋に、歩行者・自転車専用道路が併設され、片道約70kmを走ることができます。海道全体がサイクリスト歓迎で、施設も充実。世界7大サイクリングルートのひとつに数えられ、海外からもサイクリストが訪れます。

動画タイトル

【しまなみ海道】絶景ヒルクライム編【亀老山】

激坂の先に待っている金色のススキと山脈の絶景コラボ

生石高原

WAKAYAMA 800
モバイルスタンプラリー
3rd season
山の家 おいし

column 夕日も最高にキレイ！ とっておきの映え写真はココで

生石高原は、黄金のススキの秋が有名ですが、新緑の季節もおすすめ。「和歌山の朝日・夕日百選」にも選ばれている名スポットです。古くから伝わる山焼きはボランティアに支えられ、今でも春に行われており、そのおかげでススキ野がキレイに保たれています。山頂にある「火上げ岩」で、ココから撮るのも撮られるのも、ぜひ、お試しあれ♪

動画タイトル

【激坂】ススキの名所へ！ 絶景ヒルクライム!【和歌山 生石高原】

標高８００ｍ！
頂上の黄金のススキは必見

幻想的なススキ野原が広がる生石高原を目指し、和歌山県へ。有田川町方面から国道１８３号線を上って国道１８４号線を下る、約30kmのコースです。

"地元のおっちゃん"には「激坂やで、無理や！」と脅されるも（笑）、前半は山のなかの心地良さを感じながら余裕の走り。ですが、道のりは徐々に険しくなり、激坂エリアへ突入します。何度も足着きしましたが、視界に山頂のススキが見えると一気にテンションが上がります。力を振りしぼって生石高原に到着！

自分の背丈より高いススキが一面に広がる別世界はとっても幻想的。和泉山脈や六甲山が見渡すことができる絶景ライド、しっかりと心に残ります。

島文化×絶景の"ココだけ"体験
圧倒的な大自然に溶け込む

隠岐諸島

走るだけじゃもったいない！ 神社や資料館で歴史も体感できる

column

自転車旅では、寺社仏閣を参拝するなど歴史や文化に触れることが多く、その土地の人の暮らしも想像して巡っています。立ち寄った玉若酢命神社には樹齢2,000年の八百杉がありました。港の近くにある「隠岐自然館」では、隠岐4島の概要や杉の歴史も学べます。館内の展示と島の景色や体験が合わさると、ちょっと奥深いライドになりますね。

動画タイトル
隠岐諸島①島ライド 離島旅 自転車旅 島サイクリング ロードバイク

海にヒルクライムにグルメ…やっぱり島ライドが大好き！

島根県本土からフェリーで2時間半かけて隠岐の島（島後）に上陸しました。西ノ島、中ノ島、知夫里島に渡り、隠岐諸島の4島を満喫する旅。火山の名残や赤壁などの大自然パノラマと島独自の文化が融合した絶景の宝庫に目が輝きます。

隠岐の島は1周約90km、獲得標高はなんと2000m！　撮影日は台風の影響で通行止めの箇所があり半周にとどまりましたが、山あり海ありのコースです。崖や岩などで自然にデザインされた名所のほか、神社にも立ち寄れます。

隠岐の島町は水木しげるさんゆかりの地で、島中に妖怪のモニュメントがあるのも面白い！　時間があれば、船で4島巡る絶景観光ライドをおすすめします。

別府〜阿蘇

どこをとっても絵になる！
山を切り裂く天空ロード

人気のやまなみハイウェイは走った分、絶景アップデート！

大阪府からフェリー「さんふらわぁ」に乗り、九州へ上陸しました。別府から湯布院に向かい、駅で足湯に浸かりながら電車を見送る体験にウキウキ♪ その先は日本百名道に選ばれている「やまなみハイウェイ」で阿蘇を目指します。

約60km続く「やまなみハイウェイ」は標高１０００m以上の高さを貫く天空の県道。雄大なくじゅう連山の稜線がくっきりと見え、進んだら進んだ分、絶景が絶景を上回っていきます。カルデラの上に広がる大雲海を見る予定でしたが小雨が降り、濃霧で見られず。その分、大観峰から見下ろした阿蘇の絶景に感激！景色はもちろん、温泉やグルメ、レジャーなども豊富な大満足のコースです。

column ライドも満喫しながらレジャーも充実！

大分県由布市から熊本県阿蘇市までをつなぐ「やまなみハイウェイ」は、観光農園や高原グルメが満載。農家レストラン「べべんこ」では、馬と触れ合いました。大観峰の喫茶店や売店では、地元の梅田牧場でつくられたジャージーミルクのソフトクリームや飲むヨーグルトが味わえます。レジャースポットが充実していて、ソロライドを満喫しました。

動画タイトル

【絶景＆絶景】天空の道やまなみハイウェイは想像以上だった!【別府〜阿蘇】フェリーさんふらわあサイクリング旅」

「噴火が日常」の非日常風景
地球の鼓動を感じて走る

鹿児島～桜島1周

足湯やスイーツも充実のコース 活火山を眺めながら島内1周

何度か訪れている鹿児島県ですが、ずっとやってみたかったのが桜島1周です。志布志港から約50km自走し、桜島を目指します。長い上りが多く足がつりそうでしたが、山の中で急に視界が開け、桜島が見えたときには思わず笑顔に。モクモクの噴煙に活火山の鼓動を感じ、足も軽くなります。牛根大橋を渡って上陸！まずは有村溶岩展望所へ。南岳の麓にあるので、ほかのビューポイントとは違った角度で火山を見られます。溶岩原と黒松林の先にそびえる火山は迫力満点。吹き上げる噴煙に見入ってしまいました。

島内は、道の駅やカフェなども充実。さまざまな角度の火山の表情も、目を楽しませてくれる景色です。

column

有村海岸の天然温泉を楽しむべし!

火山がシンボルの桜島は温泉天国!「道の駅たるみず」には、海沿いに60mもある長〜い足湯があり、火山を眺めながら、ほっこりと休憩ができます。有村海岸は、砂浜を掘るとなんと天然温泉が湧き出てきます。自分で掘った熱々の源泉に足を浸してから、海水でひんやりさせるループに大ハマり。ライドで疲れた足を休ませる、極上の時間です。

動画タイトル

【大阪→鹿児島】さんふらわあフェリー旅! 自転車で桜島1周! 思わぬ出会い! ハプニングあり!

下関～長門

コバルトブルーの海に映える
白い橋や赤い鳥居に釘づけ

有名観光スポットが点在
映え写真を撮るならここ！

念願の角島ご対面に高揚し、鼻歌まじりのご機嫌ライドです。行きはフェリーで福岡県の新門司港に渡り、関門海峡を通って山口県へ。下関市から、主に国道１９１号線を走り、長門湯本温泉を目指す約１００㎞の道のりです。海沿いのこのエリアは絶景観光スポット目白押し！

唐戸市場で絶品のフグ刺しを味わってから本州最西端の毘沙ノ鼻展望台へ。アップダウンを乗り越えたら、念願の角島が見えてきます。コバルトブルーの海にかかる角島大橋の美しいこと！

長門市に入ると、１２３基もの鳥居が続く、元乃隅神社が見えてきます。鳥居を抜けたとこにある海岸も絶景。温泉宿に泊まり、目も心も体も癒された旅でした。

column

実は映えスポット満載の自転車歓迎、サイクル県！

「サイクル県やまぐち」プロジェクトのおかげか、走りやすい道ばかり。CMで使われた角島大橋も自転車で走れます。元乃隅神社はCNN（米国）が、「日本の最も美しい場所31選」に選んだ場所。宿泊した湯本温泉は山口県最古の温泉街で、歴史とモダンの両方の雰囲気を楽しめます。サイクル県の名にふさわしい、充実したライドを楽しめました。

動画タイトル

【山口県サイクリング旅】過去イチ高いテンション！ ずっと行きたかったあの場所とご対面！ 有名観光スポット巡り【ロードバイク旅】

column

自転車イベントやレースに参加してみよう！グルメライドなら、おいしい楽しい、思い出2倍！

ロードバイクに乗り慣れてくると、イベントやレースに参加してみたくなるのではないでしょうか。周回コースのクリテリウムや、サーキット場を走るエンデューロ、ロングライドイベント、ヒルクライムレースなどさまざまなレースやイベントがありますが、そのなかでもおすすめしたいのが、やっぱりグルメライドイベント！ 地元のグルメを味わえ、地元の人の温かさにも触れることができ、付加価値いっぱい。代表的なイベントといえば、しまなみ海道の高速道路も走れる「サイクリングしまなみ」。はっさく大福や豚丼もおいしくいただきました！ 松阪牛も振る舞われたのは「まつさか香肌峡サイクリング大会」。グルメではありませんが、レインボー＆ゲートブリッジを走り抜ける「レインボーライド」も人気です。初級者歓迎の大会もあり、初めて走る場所でもコースが決まっていて迷うことがないのが安心です。

また、毎年開催されている、日本最大のスポーツバイクイベント「サイクルモード」は、お祭り感覚で、ファミリーでも楽しめます。自転車の展示はもちろん、試供品やお土産ももらえて、会場によってはステージショーの開催やキッチンカーの出店も。自転車の最新情報もゲットでき、より充実した自転車ライフを送れること間違いナシです。

chapter 6

“ななな”チャンネルをもっと楽しむための裏技

“ななな”の動画撮影裏話

Interview

登録者数6万人を超える、“ななな”チャンネル。
思わず声をあげて笑ってしまう、あの動画はどのようにつくられているの？
撮影方法やホテルでの過ごし方など、
動画作成の舞台裏や体当たりソロライドの魅力について、
お聞きしました。

撮影は360°カメラで！夜も忙しい"ななな"の裏側

―― いろいろな角度から同じシーンが見られるのも"ななな"chの魅力です。どのように撮影していますか？

ななな（以下な）　カメラは上下左右360°の景色を1つの画に収められる「insta360」を使っています。70cmの自撮り棒を自転車のマウントに固定していますが、棒は映らないようになっています。編集のときに使用する画角を決めることができ、第三者が撮ったような動きのある映像にすることができます。ライド中、視聴者さんに会うと「本当にひとりなんだ!」と驚かれます（笑）。

――360°撮影できるメリットは？

な　イノシシやサル、シカなど、瞬間的に出てくる動物や、突然のハプニングなども逃すことなく撮れているところ！「これ見てや～!」と思うものがすべて伝えられるのでうれしいです。

――編集の苦労やコツは？

な　360°の中から、まずは使う画角を決めて切り出すので、二段階作業になり手間はかかります。撮影中や編集中も起承転結を考え、細かくシーンを変えたり、テロップを入れたり、見ている人が飽きないように心掛けています。

――今後、撮ってみたいシーンはありますか？

な　操作が簡単ならドローンも使ってみたいな……と。自転車で走っているところを空から撮るとめっちゃかっこいいので、やってみたいです。

――ロングライド動画も人気ですが、走り終えた後ホテルでどのように過ごしていますか？

な　洗濯や充電、これは必須です！ランドリーがなければお風呂で手洗いします。充電は4つ口のアダプターを持参してカメラやライト、携帯などすべて充電し、次の日のコースや寄りたいお店の確認をして……と慌ただしく過ごします。お風呂は湯舟に浸かり、ストレッチもして身体のケアも必ず。早く寝たいのにアドレナリンが出ているのか、なかなか寝つけないんです。

――ホテル選びのポイントは？

な　ロードバイクを部屋のなかに置けるか確認して取っています。調べて、めっちゃええやん！と思ったら、エレベーターがないホテルで、4階までバイクをかついで上がったこともあるので（笑）、下調べは必要ですね。

――サイクリストにオススメのホテルは？

な　ファミリーロッヂ旅籠屋さんは、全国にあるロードサイドホテルなのでアクセスしやすくておすすめ。マンションタイプの素泊まりなので気軽に使えます。しまなみ海道添いのWAKKA（P70~71参照）は部屋にバイクラックもあって内観も最高でした。最近ではサイクルステーションになっているホテルが増えてきましたね。

すべてが自己責任。 自信につながるライド

——ソロライドの良さは？

な　ひとりで気ままに行動できるのが良いですね。時間、目的、ルート、ゴールなど好きなように決めて走れ、何より自由！ ひとりになれる時間って、あるようでないので、リフレッシュできます。ライド中は何も考えてないようでいて、動画のプランがふっと浮かんだりするので、実は考えている……。日常とはまた違った特別な時間です。

——女性ひとりで心配になることはないですか？

な　女性ひとりで乗っていると近寄ってくる人もいるので気をつけたほうが良い！ とはいわれます。雨宿りしていると、親切心で「送っていくよ」といってもらえることがありますが、そこで仮に何かあっても自分の責任。「ありがとうございます、大丈夫です」と自力で走っていきます。本当に困ったときは交番やお店に行き、自分で助けを求めようと思っています。

——ひとりで辛かったことはありますか？

な　六甲山のライドはキツすぎて、帰りたいと思っちゃいました。本当にひとりだなって。動画で「・・・」となっているときも、ひとりで葛藤していて、気持ちを誰とも共有できず自己完結します。めっちゃ方向音痴なので道の判断も難しいのですが、間違っても自己責任。それが大変なところでもあります。

—ソロライドを始める人にアドバイスはありますか？

な　もしものときのエスケープをもっておくことは大事ですね。トラブルのときはタクシーを呼ぶとか、家族と連絡が取れるようにしておくとか。自分の予定を家族に伝えて、この日までに連絡なかったら探してね、というような伝言も大事なので、わたしは必ずオカンに伝えています。

——最後に、あらためてソロライドの魅力とは何でしょう？

な　なんといっても達成感が大きいことですね。ひとりでできた！ という達成感は、大人になってあんまりないと思うんです。でも「わたしってこんなこともできるんだ！」と、思える。自己肯定感が得られ、自信につながります。だからソロライドはやめられません（笑）。

“自転車は
怠け者だったわたしを
新しい世界へ連れ出して、
冒険させてくれます。
これからもよろしく！”

性格的に目標があると頑張れるタイプ！なんです笑

DATA

配信日 2020.3.28

コース 大阪から新富士400km

SITUATION 登録者数1万人突破記念、400kmを2日かけて走りました。なるべくアップダウンの少ない道を選びましたが……。2日目、ライドでこれまでの道のりを振り返って、自分を顧みていった言葉です。

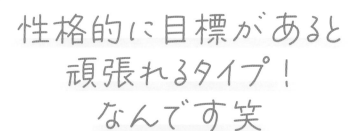

まさかのチャンネル登録数増えるほど、やりがいもアップ

この回は登録者数1万人の記念ライドだったので、走りながら1万人に至るまでのストーリーを振り返ってみました。

当初は1万人なんて想像もしていませんでした。「一般人がYouTubeをはじめても、誰が見るんやろう」って思っていたので（笑）。1000人にいかなかったらすぐに辞めるつもりでしたが、1000人に達成し、もう少し続けてみようと思うようになりました。登録者数3000人記念動画をアップした頃からは、見てくれている人がいる、応援してくれている人がいるんやなぁと実感し始め、意識が変わってきました。そして〝ななな〟のネタで7777人まで頑張ろうと思い……こんなことを繰り返して、今に至ります。勝手にチャンネル登録者数を目標にして頑張れたのかなと思っています。

最初の頃は撮影や編集にかなり時間がかかり、機械にも強くないので、正直、けっこうしんどかったです。撮影も編集もセンスが必要なので、わたしには向いていないと思い（笑）、辞めようと思った時期もありました。今も作業は大変ですが、だんだん慣れてきて撮影の仕方も変わり、苦手なおしゃべりも自然体で良いと思えるようになったら、楽しくなってきました。何も考えずに思ったことをしゃべっているだけなのですが（笑）。

毎回のロングライドも、しっかりゴールすることが目標です。これからも、大なり小なり目標をもち続け、見てくれる人に感謝しながら、頑張って楽しい動画をアップしていきたいと思います。

目標以外にコレがあれば頑張れるものは何ですか？

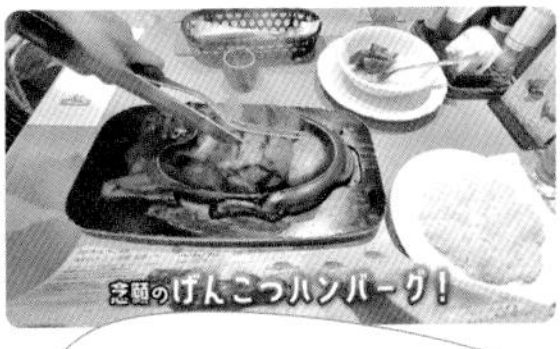

絶景や人との出会いもごほうびですが、
汗だくの後の温泉は最高！ライド中に足
湯に寄ることもあり、リフレッシュしてまた頑張
れます。アメとムチは必要（笑）

やっぱりグルメです！「ランチは、げ
んこつハンバーグにしよう」、「はっさく
大福で補給しよう」などと決め、モチ
べを上げて走っていることもあります

最終日、後50km
というところで
やめたくないい！

DATA

配信日 2022年6月16日

コース 太平洋岸自転車道1,400km

SITUATION 和歌山県から千葉県銚子駅まで、10日間かけ1,400km走破する最終日。疲れきっているのに不運が重なり、雨まで降ってきて行く手を阻みます。合羽を買い、残り50km地点で気合いを入れ、自分を奮い立たせました。

災難続きの雨のなか
自分の言葉で覚悟を決めた

これまでで最も長くてキツい自転車旅は、太平洋岸自転車道の1400kmです。通算10日目となる最終日は心身ともに疲労がたまっている状態でした。しかも、予定していたレストランが空いておらず食事を取り損ね、コースの残りの距離も勘違いして想定よりも増え、心が沈んでいました。気持ちを切り替え前向きに走ろうとしますが、今度は雨に襲われます。長旅で荷物が多いのと、無理をしないよう雨の日はライドを切り上げる予定だったので、雨対策はほぼしていませんでした。でも、最終日の残り50km。こんなところで止めたくない！ ドラッグストアで合羽を買い、雨のなか走り出すときに覚悟を決めた言葉です。

そして走り出し、最後はもっていたウェアをすべて着込み、ずぶ濡れで念願のゴール。初めて1400kmのサイクリングロードを知ったときは、「千葉から和歌山まで走れる人なんておらんやろ！」と思いましたが、いざ走りだすと絶対完走したい！ と思いが強くなるばかり。まさか自分が本当に走る、走り切るとは思ってもみませんでした。壁は大きいほどやりがいがあると感じ、人生のなかでも屈指の経験になりました。自分の力だけで長い距離を走るのは夢があり、これからもチャレンジしていきたいと思っています。この旅は楽しいこともも辛いこともありましたが、ゴールしたあとはロングライドでしか味わえない充実感でいっぱいでした。最後まで諦めずに走り切ったことが自信になり、次のライドにつながっていきます。

この旅でほかに乗り越えた困難はありましたか？

最終日、天候の心配もありラストスパートしたいのに、海岸沿いの砂にタイヤをとられて進めず！ バイクをもってほかの道に移動しました。ゴールで苦労が報われました

峠を避けて海側に回り道をしたら「通行止め」、伊豆半島は山を避けられず、思わず「嫌い」とボヤくほど。南伊豆の皆さん、人間ちっちゃくてごめんなさい（笑）

あーもうアカン
アカン
アカン
アカン

南伊豆嫌い

すぎる、あ〜しんどい、足つきた
たい、もうしんどい、長すぎ、
な長い、
む
こんな長かったっけ
もう足つきたい、

もう足つきたい、
2回くらい足つきたいと思ってる

DATA

配信日 2021年6月2日

コース 十三峠ヒルクライム

SITUATION 7か月ぶりに十三峠に挑戦。ゆるポタのつもりでやって来ましたが、軽い気持ちで上れるわけもなく「しんどいもんはしんどい!」と反省。中盤から足が止まりかけますが口は止まらず、見事なボヤキの連鎖です(笑)。

ロングヒルクライムならぬお得意の？ ロングボヤキ！

ライド中のコメントでよく飛び出すのがボヤキです。とくにヒルクライム中は、「無理や！ 坂、ほんま嫌いやわ」とか「坂ばっかりやんけ」とか、その土地を指して「〇〇嫌い！」と八つ当たりしてしまうこともありますが、本当はその地が好きで行っているので、辛すぎてつい出てしまうボヤキにはご容赦ください（笑）。

上りが苦手なわたしが初めて挑戦したヒルクライムは十三峠でした。足つきして「一生上らん」といいつつも、今まで嫌なことから逃げてきた…という思いがあり、克服しようと何度もトライ。

この回は7か月ぶりの十三峠。たまにはラフな気持ちで上りたいと思ったものの、すぐに、そんな気持ちで来るところじゃなかった！と後悔しました。途中、「しんどい、あ〜しんどい、つきたい、足つきたい、もうしんどい、長い、こんな長い、十三峠こんな長かったっけ、もう足つきたい、2回くらい足つきたいと思ってる」とボヤキ続け、最後は「無理！ もう嫌、ラストの力でぇへん!!」とボヤキのほうにラストスパートがかかります（笑）。まわりのサイクリストさんの目もあるので静かにゴール。疲れ果て、「ゴールだ、わーい」も棒読みでした。

これだけボヤキ続けても、その後も数々のヒルクライムに挑戦しています。上り坂が嫌いなのではなく、上れない自分が嫌いなのかも。暗峠や葛城山の制覇などは、一生かかるミッションかもしれませんが、いつか上れるその日を信じて、懲りずに、ボヤキ倒しながらも、挑戦し続けたいと思います。

変わりネタのヒルクライムの思い出はありますか？

林道の一部はオフロードをマウンテンバイクで上るようなコンディションで「わろてまうくらいの激坂」でした。道が細くて大変でしたが、緑は気持ち良かったです

自動車専用有料道路を貸し切って走る「六甲有馬ヒルクライムフェスタ」に参加しました。レースの出場に緊張しましたが、参加者のみなさんと楽しく走れました

自転車用語集

ロードバイクは、少しだけ特殊な世界で、サイクリスト同士だけに通じる言葉があります。専門用語というよりちょっと洒落っ気もある、そんな自転車用語を集めてみました。これがあれば、自転車ライフがもっともっと楽しめるはず。

ピチピチウエア

ロードバイクのウエアは、空気抵抗をなくすために、身体のラインにピタッとフィットするつくりになっています(通称:ピチピチウエア)。とはいっても、形に囚われず、ラフな私服でゆる～く走るのもまったく問題ありません！

脚を残す、が売り切れる

脚力の持久力を温存するときなど「脚を残す」と使う。逆に、脚力が限界に近づき動かなくなると「脚が売り切れる」という。わたしが激坂に撃沈する場合は、脚が残っていても心拍が限界に…。

インプレ

インプレッションの略。新品のバイクやパーツの、試乗やテストの総評のこと。ニューモデルの情報が得られる。

引き脚

主にビンディングペダルのときに使う用語。ペダリングするときに脚を前方の上方向に引きつけ、ペダルを引き上げる動作のこと。ペダルを踏み込むだけでなく、引き脚が強くなれば、自然と回転数が上がり、効率良く進むことができる。

サイクリスト

「自転車乗り」ともいうように、主にスポーツ系自転車に乗る人や自転車競技選手を指す。なかでもロードバイク乗りは「ローディー」と呼ばれる。最近はサイクリストが増えているのを実感。

補給食

ライド中のエネルギー不足を避け、栄養補給のために摂る軽食。わたしは地元スイーツで糖質アップすること多し。

ラチェット音

ペダルを漕がないときに、後輪が空転しホイールがチャーっと鳴る音。音に個体差がありラチェット音マニアもいる。

手信号

ハンドサインのこと。道路交通法で定められたサインには、「右折のときに右腕を水平に伸ばすか、左腕の肘を垂直に曲げて上げる」ほか、進路変更や停止などの合図があります。 集団で走るときによく使う合図もあります。例えば、ブレーキをかけるときに、手の平を開いて後ろに向け、後方に伝えます。地域によっても異なるので、グループで走るときには確認しておきましょう。

ダンシング

立ち漕ぎでペダリングする動作。 激坂ヒルクライムでお馴染みのペダリング。ハンドルを左右に揺らし、筋肉の疲労を分散させる役目もあるが、うまくできないとよけいに疲れることも（笑）。

サドル沼

サドルが合わず、お尻が痛くなるなどの悩みから、サドルを探し続けている状態のこと。サドル沼にハマらないよう、紹介動画やサイクルショップの助言を参考にしてみてくださいね。

ポタリング

「あてもなくのんびりする」という意味の「Putter」が由来の和製英語。自転車で散歩のようにゆったり走ること。

エンジン

クルマと違って、自転車では自分の走力や体力のことを表す。「レベルアップするにはエンジン（自分）を鍛える！」というような会話で用いる。

貧脚&剛脚

貧脚は走力がない人で、「貧脚なんでこの峠は無理です……」と自分のことを指して使うことが多い。剛脚は走力がある人。「スゴイ剛脚ですね～」と他人を指す場合として使うことが多い。

巡航速度

一定の速度を維持したまま走り続けること。巡航速度が速くなれば、「強くなったかも！」と思える。

キノコ頭

ヘルメットを被ったとき、顔の輪郭とヘルメットのギャップでキノコのようなシルエットになってしまうこと。顔の輪郭や頭の形は人それぞれ。自分に合った、好みのヘルメットを探そう。

ゆるポタ詐欺

ポタリングのなかでも、ゆるいものを「ゆるポタ」という。「今日は、ゆるポタ」といわれてついて行ったら、まったくゆるくないライドだったとき。人の「ゆるポタ」は信じられません（笑）。

立ちゴケ

立ち漕ぎしてコケるのではなく、ビンディングペダルを装着したまま、クリートが外れずに転倒してしまうこと。立ちゴケは危険なので、ビンディングの取り外しは安全なところで練習してから！

DNF

Did Not Finishの略。ライドの途中リタイアや、レースやイベントで完走できないこと。

ストップアンドゴー

信号などの影響で、発進と停止を繰り返すこと。街なかを走ると信号が多く、何度も止まってスタートすることで、加速の体力を使う。肉体的にも精神的にも疲れやすくストレスもたまる。

引いてもらう

2人以上で走るときに、先頭でペースをリードして引っ張ることを「引く」といい、後方で着いていくときには「引いてもらう」という言い方をします。先頭がペース配分を調整してくれたり、風よけの役目を果たしてくれたりするので楽に走ることができます。

アウター縛り

あえてアウターの重いギアのみを使って走るのがアウター縛り。アウターだけでヒルクライムするツワモノがよく使う。アウター縛りは運動強度が増し、逆にインナー縛りは高速回転の練習に。

ハンガーノック

激しい運動により、体内のエネルギー源のグリコーゲンが欠乏し、低血糖状態になること。症状が重くなると脱力や眩暈で動けなくなることも。とくにレースやロングライド中はエネルギー消費が大きくリスクを伴うので、補給や休憩が必要。

激坂

勾配が激しい上り坂。わたしは勾配40%の暗峠に泣きました。滑り止めの0リングがある「ドーナツ坂」が多い。

ケイデンス

1分間に回っているペダルの回転数のこと。単位はrpm（回転数／分）で表す。速く回すとケイデンスは高くなる。

ちぎれる

集団についていけず離れてしまうことを「ちぎれる」という。ちぎれそうなときは前の人に声をかけよう。

落車

競輪の公式用語としても使われている「落車」は、自転車で走行中に転倒することを指す。

著者

ななな

大阪府出身。子どもの頃から好奇心旺盛ではあったが、運動が苦手。自転車通勤をきっかけにスポーツバイクにハマる。ロードバイクの乗り方をYouTubeで検索しているうちに自分でも動画投稿をしてみようと「なななチャンネル」を開設。ロードバイクもYouTubeも楽しくなり今や関西だけではなく全国各地へ自転車旅にでかける日々。

YouTubeメインチャンネルURL：
https://www.youtube.com/@nanana_777

YouTubeサブチャンネルURL：
https://www.youtube.com/@nanana-off

STAFF

編集協力 佐藤友美
（有限会社ヴュー企画）

執筆協力 山口愛愛

表紙・本文デザイン 野口佳大

撮　影 井手勇貴

イラスト 寺崎愛

衣装／ウィメンズプロチーム トレーニングジャージ ¥17,500（ラファ）

※本書に記載した商品の価格や情報は2023年12月現在のものです

自転車を趣味にする
楽しく走るロードバイク入門

初版第1刷発行　2024年2月29日
初版第3刷発行　2024年4月　1日

著　　者　ななな
発 行 者　角竹 輝紀
発 行 所　株式会社マイナビ出版
〒101-0003
東京都千代田区一ツ橋2-6-3
一ツ橋ビル2F
電話　0480-38-6872（注文専用ダイヤル）
03-3556-2731（販売部）
03-3556-2735（編集部）
URL　https://book.mynavi.jp

印刷・製本　中央精版印刷株式会社

ISBN 978-4-8399-8435-9